# BRAINSHOPPING

## Mit allen Sinnen handeln

Achim Fringes

Herstellung und Verlag:
BoD - Books on Demand, Norderstedt
ISBN 978-3-7386-3110-4

# Inhaltsverzeichnis

**Vorwort**    9

**Einleitung**    14

**Teil 1 Handeln im Handel**    21

Kapitel 01 POS im neuromerchandising®    22
Kapitel 02 Emotionen und Handel    25
Kapitel 03 Neuro    36
Kapitel 04 neuromerchandising®    43
Kapitel 05 Wie kommt die Welt in meinen Kopf?    52
Kapitel 06 Wer die Wahl hat    57
Kapitel 07 Kaufentscheidungen am POS    64
Kapitel 08 Sinne und Gedächtnis    68

**Teil 2 Wahrnehmung am POS**    73

Kapitel 09 Mit allen Sinnen handeln    74
Kapitel 10 Ich sehe was, was du nicht siehst    77
Kapitel 11 Vom Wohlgefühl umgeben    83
Kapitel 12 Farben am POS    94
Kapitel 13 Wer hören will, muss fühlen    102
Kapitel 14 Fühlen – der unterschätzte Sinn    109
Kapitel 15 Schmecken    112
Kapitel 16 Kontext    117

**Teil 3 Tatsachen und Taten**    119

**Quellennachweise**    128

Dieses Buch widme ich Franz-Josef Kleine und Wilhelm Kanne, die großen Einfluss auf meinem Weg durch den Handel hatten und beide 2011 verstorben sind.

Franz-Josef Kleine, Seniorchef der Firma glaskoch, verstarb am 29.Mai 2011 im Alter von 74 Jahren.
Im Jahr 1972 gelang ihm mit der Einführung der Marke „Leonardo" das Unternehmen glaskoch nach und nach weltweit bekannt zu machen. Er hatte ein großartiges, einmaliges Gespür für Farben, Formen, Ästhetik und funktionales Design. Er war der Mensch, der mich dazu brachte, überhaupt über Emotionen und Handel nach zu denken. Seine Inspirationen sind die Grundlagen dieses Buches.

Wilhelm Kanne war ein großer Visionär, Unternehmer und Bäckermeister. 1967 begannen seine Experimente mit Fermentgetreide aus denen später der Brottrunk hervorging.
Schon sehr früh, setze er sich für Bioprodukte und Biolandanbau ein und setzte dieses auch konsequent im eigenen Unternehmen durch. In der Zeit in der ich mit ihm arbeiten durfte, lernte ich, auch gegen alle Widerstände und Meinungen, seine Visionen nicht zu verlieren. Wilhelm Kanne verstarb im Februar 2011 im Alter von 77 Jahren.

Nicht jeder Mensch ist dein Kunde, aber jeder Kunde ist ein Mensch

## Vorwort

*„Glück ist die positive Wahrnehmung eines Ereignisses, welches wir zwar beeinflussen, dessen Zeitpunkt wir aber nicht bestimmen können."*
© Thomas Moos

Seit meinem sechzehnten Lebensjahr bin ich in den unterschiedlichsten Bereichen des Handels tätig. Für mich war es nie eine Frage, Einzelhändler zu werden, obgleich es nach meiner Schulzeit einen Mangel an Auszubildenden gab - also anders als heute.
Alle anderen Wege, die sich mir auftaten, schlug ich zum Erstaunen meiner Umwelt aus. Schlechte Arbeitszeiten und geringer Lohn schreckten mich nicht, ich wollte Einzelhändler werden. Vom ersten Tag an habe ich die Tätigkeit im Feinkostlebensmittelunternehmen meines Lehrherrn absolut und mit voller Begeisterung gelebt. Seit dieser Zeit wechselte ich einige Male die Branchen, stand hinter unterschiedlichsten Verkaufstheken in den verschiedensten Ländern, als Mitarbeiter und Selbstständiger. Ich habe den Handel und sein Umfeld aus den verschiedensten Blickwinkeln betrachtet und hatte dabei immer das Gefühl, dass Handel die Welt öffnet. Aber im Traum hätte ich nicht daran gedacht, dass er mich in die Labore der Hirnforscher und in die Hörsäle der Universitäten führen würde.
Seit der Zeit, als ich in einem viel zu großen weißen Kittel in der Obst- und Gemüseabteilung stand und Kunden bediente, hat sich im Handel einiges verändert, aber vieles - und gerade im Umgang mit dem Kunden – hat sich in keiner Weise geändert. Geändert hat sich auch nicht meine absolute Liebe

zum Handel. Angereichert mit vielfältigen Erfahrungen macht es unverändert enormen Spaß, Verkäufer und Käufer zu sein und andere Verkäufer und Käufer zu beobachten.

Handel hat viel Gemeinsames mit Ballonfahren. Der Wind (Kunde) treibt den Ballon in die Richtung, in der er fliegt. Es gibt für den Ballonfahrer (Verkäufer) nur eine Möglichkeit, selbst die Richtung zu bestimmen. Er muss in Höhen aufsteigen, in denen der Wind in eine andere Richtung weht. Das bedeutet, dass der Ballonfahrer Ballast abwerfen muss, um aufzusteigen. Auch der Handel und die Markenindustrie müssen Ballast abwerfen, um sich von alten Modellen und Denkansätzen zu trennen und auf die Richtung Einfluss zu nehmen, in die es geht. In vielen Fällen geschieht dieses leider nicht: Anstatt Ballast abzuwerfen, stellt man auch noch den Brenner ab, um Gas zu sparen. Hinterher sollte es dann wohl kaum verwundern, dass man eine unsanfte Bruchlandung erlebt.

Was will ich damit sagen? Wir sollten den Handel weiter entwickeln und nicht neu erfinden. Das bedeutet an vielen Stellen: Ballast abwerfen, den Brenner anstellen und sich in Luftschichten begeben, in denen der Wind in die richtige Richtung weht. Der Umgang mit Kunden und die Differenzierung über die Gestaltung der unterschiedlichen Verkaufsstätten werden zunehmend schwieriger und komplizierter. Genau hier setzt dieses Buch an.

Viele der neuen, in den Handel kommenden Wissenschaftsergebnisse, versprechen Nützliches und wecken falsche, oft überzogene Hoffnungen. Technik und Wissenschaft sind zweifelsohne die Motoren, die den Wandel im Handel antreiben. Umso wichtiger ist es, sich manchmal Zeit zu nehmen und über diese Faktoren nachzudenken. Hieraus gibt sich erst einmal eine pessimistische Perspektive für dieses Buch. Wenn Menschen aus den unterschiedlichen Bereichen des Handels etwas nicht haben, dann ist es Zeit. Wer die Leitung eines Unternehmens übernommen hat, oder wer ständig damit beschäftigt ist, Umsatzziele und Ertragserwartungen zu erfüllen (ungeachtet der Hierarchiestufe), hat wenig Zeit ein Buch zu lesen, auch wenn es ihm vielleicht neue Denkmuster eröffnet, um die gesteckten Ziele zu erreichen.

Ich bin davon überzeugt, dass kein Bereich so sehr vom täglichen Geschäft getrieben ist, wie der deutsche Einzelhandel. Strategien, wie die Verfolgung interdisziplinärer und ganzheitlicher Ansätze oder Nachhaltigkeit, die in vielen Bereichen der Wirtschaft Einzug gehalten haben, werden wenig, oder meistens gar nicht berücksichtigt.

Informationen über Kunden werden gesammelt, verwaltet, in Tabellen miteinander verglichen und bewertet. Kausalität wird hierbei in vielen Bereichen ad absurdum geführt, indem Ursache und Wirkung, aufgrund der komplizierten Verhältnisse und der wachsenden Datenmengen, mitunter verwechselt werden. Das zeigt sich besonders im Marketing. Hier wird angeblichen Gesetzen und Regeln gefolgt, die längst überholt sind, und ständig neue, unverständliche Begriffe werden als Lösung für die wachsenden Probleme im Umgang mit Kunden geliefert.

Wie schon in meinem Buch „Brainshopping – Emotionen im Handel" werde ich mich nicht allein darauf beschränken, einen Blick auf die Forschungsergebnisse der Neurowissenschaften und deren Einflüsse auf den Handel zu richten. Eine theoretische Betrachtung allein reicht im Handel nicht aus – das weiß ich aus jahrzehntelanger Erfahrung sehr genau.

Wenn es um neue Dinge geht, ist im Handel die erste Frage: „Wer macht das schon? Wer hat das schon?" Ich bin deshalb sehr dankbar, gestandene Kaufleute gefunden zu haben, die es mit großem, persönlichen und finanziellen Einsatz gewagt haben, neue Ideen in die Planung und Umsetzung ihrer neuen Supermärkte aufzunehmen. Ohne Karsten und Markus Nüsken als selbständige REWE Lebensmittelhändler wäre es nicht möglich gewesen, heute schon zu erstaunlichen Ergebnissen über die Anwendung emotionaler Faktoren im Handel zu berichten. Während viele erst beginnen über die Emotionalisierung des Handels und über Neuromarketing zu diskutieren, werden hier schon wichtige Ergebnisse aus der täglichen Begegnung mit Ware und Kunde gesammelt.

Vor allem zeigt sich, dass sich ein deutlicher wirtschaftlicher Erfolg einstellt.
„Mit allen Sinnen handeln" – die neuen Denkansätze haben dazu beigetragen, dass die zwei neu ausgerichteten Supermärkte jeweils zu den Nominierten bei „Store of the Year" des Hauptverbandes des Deutschen Einzelhandels und zum „Supermarkt des Jahres" gehörten. Dies ist ein deutliches Zeichen für ein anfängliches Umdenken des Handels.
Mein besonderer Dank gebührt Prof. Dr. Harald Möbus, Professor für Marketing & Messewesen an der HTWK Leipzig, der die neuen Erkenntnisse schon an die Fachschule gebracht hat und somit den Grundstein für ein neues Denken in Dienstleistung und Handel legt. Danken möchte ich ebenfalls Bert Martin Ohnemüller, der in enger Partnerschaft die Geschicke unserer neuromerchandising group lenkt, sowie Eric Horn, meinem amerikanischen Freund, der damit begonnen hat, dies auch erfolgreich in den USA zu entwickeln,

und der starken Frau im Team: Lisa Marsch. Mit ihrem Vertrauen und ihrer Arbeit haben sie großen Anteil daran, die Idee des neuromerchandising® zu einer festen Größe im Handel und in der Industrie zu machen – jeder auf seine individuelle einmalige Art.

Ich habe mich sehr gefreut, dass ich das renommierte Institut TNS Infratest gewinnen konnte. Gemeinsam war es mit Hilfe von Herrn Sonneck möglich, die gesammelten Ergebnisse fachgerecht auszuwerten.

Der Mittelpunkt dieses Buches liegt aber nicht in der Erstellung von Studien und Statistiken. Das würde nicht zu dem passen, wofür ich stehe. Meine Sicht ist die Sicht des Einzelhändlers, des Menschen und des Autors.

## Einleitung

*"Man entdeckt nicht die Wahrheit; man erschafft sie."*
Antoine de Saint-Exupéry

Was einen Kunden zum Kauf bewegt, ist eine der zentralen Fragen der Wirtschaft. Hierbei ist zuerst einmal unwichtig, was verkauft und gekauft wird. Durch neuere Forschungsergebnisse in den Neurowissenschaften hat sich herausgestellt, dass die Abläufe im Gehirn beim Kaufen und Verkaufen im Grundsatz erst einmal gleich sind. Das ist auch weiter nicht verwunderlich – wer oder was ist schon in der Lage Entscheidungen zu treffen, wenn nicht mein Gehirn?

Das menschliche Gehirn ist ein typisches Säugetiergehirn, beziehungsweise ein typisches Affengehirn. Für viele Menschen im Handel ist es nach wie vor schwierig, dass die Ergebnisse von Forschern, die sich - im engeren oder weiteren Sinn - mit dem Bau und der Funktion von Gehirnen beschäftigen, Einfluss auf die Abläufe im Handel und Wirtschaft nehmen. Neurobiologen, Neurologen, Kognitions- oder Neuropsychologen, die sich zu Themen äußern, wie Wesen und Herkunft von Geist, Bewusstsein, Gefühlen, Kreativität und Intelligenz bis hin zu der Frage, ob der Wille frei und der Mensch verantwortlich für sein Tun ist, tragen mit ihrer Forschung dazu bei, die Sicht auf Handel und Wirtschaft radikal zu ändern.

Diese Reaktionen sind verständlich. Denn die Meinungsäußerungen von Hirnforschern scheinen Abgrenzungstabus zu verletzen, die in der modernen Wissenschaft, insbesondere am Ende des 19. Jahrhunderts, mit der Etablierung der Geisteswissenschaften aufgestellt und seither hartnäckig verteidigt wurden. Demnach gehört die Hirnforschung zu den Naturwissenschaften, und diese haben sich nun einmal nicht mit dem Geistig-Seelischen und erst recht nicht mit Fragen der Moral und der Verantwortlichkeit zu befassen.

Lassen wir hier erst einmal außer acht, ob ich die Entscheidungen treffe, oder mein Gehirn, oder ich und mein Gehirn zusammen. Wenn das Gehirn bei allen Menschen nach dem gleichem Prinzip funktioniert, ist also – salopp gesagt – nicht nur die Hardware, sondern auch die Software bei allen Menschen dieselbe? Eigentlich schon. Dagegen steht jedoch der Fakt, dass jeder Mensch anders ist, einzigartig und einmalig. Das scheint ein Widerspruch zu sein, den man näher betrachten muss. Die elementaren Abläufe in unserem Gehirn, also die Funktionen, wie, wann und wo was gesteuert wird, laufen völlig unterbewusst ab.
Fest steht, was Henry Ford, der Gründer des Automobilherstellers Ford Motor Company, gesagt hat: „Autos kaufen keine Autos". Nur Menschen bauen Autos und nur Menschen kaufen Autos.
Wie Dinge im Einzelnen gesteuert werden, oder warum es zu Fehlfunktionen in diesen Abläufen kommt, kann man nur sehr eingeschränkt erklären und noch eingeschränkter beeinflussen. Der sogenannte „freie Wille" endet für jeden offensichtlich spätestens dann, wenn er zur Überzeugung kommt, dass seine eigene Leber ein völlig überschätztes Organ ist und er es willentlich abschalten will. Versuchen Sie es ruhig einmal. Wenn Ihnen die Leber nicht gefällt, können sie es gerne auch mit Herz oder Lunge ausprobieren. Abgesehen davon, dass Sie es trotz des „freien Willens" nicht können, es würde Ihnen auf Dauer auch nicht gut bekommen.

Und glauben Sie mir, das ist bei allen Menschen gleich. Ob Präsident oder Künstler, ob reich oder arm, gleich welcher Rasse oder Nation. Selbst ein indischer Guru, der durch Meditation erstaunliche Dinge mit seinen Körperfunktionen machen kann, auch er ist ohne sein Gehirn und seine Organe nicht lebensfähig.

Für alle Anhänger der Statistik – und da gibt es ja eine Menge im Handel und der Wirtschaft – Sie müssen nicht erst 15.000 Menschen das Herz entnehmen, um sicher zu sein, dass diese das nicht überleben. Mal ganz abgesehen davon, dass Sie schwer Probanden für Ihre Statistik bekommen würden, selbst wenn Sie ihnen für die Teilnahme am Versuch eine Kaffeemaschine versprechen. Sie benötigen nur einen Menschen, um sich ganz sicher zu sein.

Emotionen sind der elementare Bestandteil der menschlichen Wahrnehmung und spielen bei Entscheidungen eine zentrale Rolle.

Der US-Psychologe Paul Ekman geht von mehreren „Basisemotionen" aus. Dazu gehören unter anderem Angst, Freude, Scham Schuldgefühl, Verachtung, Ärger, Ekel, Zufriedenheit, Verlegenheit, Aufgeregtheit, Erleichterung und Trauer. Diese Grundgefühle sind für Ekman „angeboren". Alle Menschen haben die „Basisemotionen", wie er aus interkulturellen Vergleichen schließt.

Gesichtsausdruck oder spezifischer Körperzustand seien typisch durch bestimmte Merkmale gekennzeichnet.

Denken wir nur einmal über das Lachen nach, welches auf der ganzen Welt fast ausnahmslos ein Bild für Freundlichkeit und Freude ist.

Nicht zuletzt sagt man: „Wer nicht lächeln kann, sollte kein Geschäft eröffnen".

Das, was Menschen dann aber wieder individuell unterscheidet und jeden Menschen zu einem absoluten Unikat macht, ist die Summe an eigenen, lebenslangen Wahrnehmungen und Erfahrungen. Diese sammeln sich im Laufe eines Menschenlebens, und, basierend darauf, erzeugt das Gehirn für jeden Menschen seine ganzheitliche, subjektive Wirklichkeit. Es reicht völlig aus, zu glauben oder zu empfinden, dass man frei in seinen Entscheidungen ist. Sie fragen sich: „Was hat nun all das mit Handel zu tun?" Ich antworte Ihnen: „Das hat sogar unglaublich viel mit Handel zu tun, denn es ist doch sehr erstaunlich, wie leichtfertig Menschen und Unternehmen im Handel mit den Grundsätzen der menschlichen Wahrnehmung umgehen."

Es geht hier wohlgemerkt nicht darum, das ultimative Konzept, die Blaupause des perfekten Verkaufs, zu erstellen. Mit diesem Buch möchte ich versuchen, das Bewusstsein für die Grundlagen menschlicher Wahrnehmung und menschlicher Entscheidungsabläufe beim Handel zu wecken. Die Berücksichtigung dieser Grundlagen soll auf keinen Fall Werbung, Fantasie, Architektur oder das Marketing am Point of Sale verdrängen, sondern grundsätzliche Fehler beseitigen, den Auftritt ergänzen und notwendige Alternativen schaffen.
Um es deutlicher zu machen: Wenn dies ein Buch mit dem Titel "Wie baue ich ein Haus" wäre, ginge es nicht darum, wie das Haus aussehen könnte, sondern wie die Statik funktioniert. Der Architekt kann erst einmal gestalterisch frei zeichnen und planen, was ihm in den Sinn kommt. Da können Bögen und Decken in der Luft frei schweben und alles sieht

leicht und beschwingt aus. Aber spätestens, wenn der Bau beginnt, setzt die Physik ihre unumstößlichen Grundlagen entgegen. Dann müssen auch Bögen auf etwas stehen, und Decken müssen Säulen oder Wände haben, die sie tragen. Dann muss es eine Treppe oder einen Aufzug geben, um von dem einen ins andere Stockwerk zu kommen, auch wenn es den Designansprüchen des Architekten nicht gefällt.

In der Regel unterwerfen sich Architekten dann doch den physikalischen Grundlagen. Das ist der Grund, warum die meisten Häuser nicht gleich einstürzen und die meisten Autos auch wirklich fahren, denn allen Design- und persönlichen Wunschvorstellungen zum Trotz: Wenn ich mich nicht an die Grundregeln der Dynamik, der Physik halte, fährt mein Auto weder geradeaus, noch fährt es um die Kurve, wenn ich am Lenkrad drehe. Das sieht das Marketing, der Vertrieb und die Produktentwicklung völlig anders. Hier scheint man die Grundlagen der menschlichen Wahrnehmung einfach mit Fantasie, Vorstellung und Design außer Kraft setzen zu können. Und warum glaubt man das? Weil der Misserfolg keine drastischen Folgen hat. Acht von zehn neuen Produkten schaffen es nicht, sich am Markt zu behaupten.

Zurück zu unserem Beispiel: Stellen Sie sich vor, dass acht von zehn Häusern, die ein Architekt plant, nach kurzer Zeit einstürzen, oder acht von zehn Brücken brechen einfach ein.

80 Prozent der von den Ingenieuren geplanten Autos ließen sich nicht wirklich ohne Gefahr bewegen und dienten nur dazu, sie irgendwo hinzustellen und zu betrachten. Weder Architekten noch Ingenieure würden als erfolgreich angesehen werden.

Im Marketing scheint das anders zu sein, obwohl die Produkte nicht verkauft und unglaubliche Summen für Werbung verbraucht werden. Man macht fröhlich weiter und feiert zwei von zehn Produkten, die es, aus welchen Gründen auch immer geschafft haben, überschwänglich. Aber liegt es denn wirklich immer an den Produktentwicklern und Marketingstrategen, dass es zu einer so hohen Ausfallrate kommt?

Aus meiner Erfahrung bestimmt nicht nur. Ein großer Anteil am Scheitern eines Produktes oder einer Marke liegt in der Präsentation vor Ort – da wo verkauft wird – am Point of Sale. Untersuchungen zeigen, dass aber gerade der PoS immer noch derjenige Ort ist, an dem der Kunde Informationen über Marken, Produkte und Innovationen sucht und findet.

Und dennoch werden hier immer noch die meisten Fehler gemacht, wenn es darum geht, die Grundlagen der menschlichen Wahrnehmung zu berücksichtigen – die fehlende Statik.

Nun gibt es trotzdem genügend Beispiele, dass es in Handel und Dienstleistung Systeme gibt, die aller fehlenden Statik zum Trotz bestens funktionieren und äußerst robust erscheinen.

Ein Discounter ist kein wirkliches Einkaufserlebnis, erst recht nicht die großen Elektro- und Elektronikketten mit ohrenbetäubender Werbung und simplen Sprachhülsen. Aber wie auch immer man es betrachtet, sie haben unumstritten Erfolg. Dieser Erfolg liegt jedoch meiner Meinung nach nicht an der überragenden Gestaltung der Verkaufsräume oder herausragender Werbung, sondern an ihrer marktbeherrschenden Position.

Der Mangel an Alternativen ist es, was deren Erfolg ausmacht. Und deshalb hier noch einmal zurück zu unserem Beispiel vom Haus. Ich schlafe lieber in einem hässlichen, baufälligen Haus als draußen, wo ich Wind und Wetter ausgesetzt bin.

neuromerchandising® ist nicht meine Erfindung, sondern die strukturierte Analyse und Berücksichtigung der Grundlagen des menschlichen Denkens und Verhaltens am Point of Sale und in der Dienstleistung. Gravitation, Lichtgeschwindigkeit und das Verhalten von subatomaren Teilchen sind keine Erfindungen der großen Physiker, sondern Entdeckungen, wie sich diese Dinge verhalten. Niemand würde Kolumbus als Erfinder von Amerika bezeichnen. Er war der Entdecker, und Amerika war ja schon längst da. Mit allen Sinnen handeln – es gab und gibt nichts zu erfinden, die Sinne des Menschen sind so alt wie die Menschheit selbst.
Allein das konsequente Zuhören, die Berücksichtigung aktueller Ergebnisse der Neurowissenschaften und die Umsetzung am Point of Sale machen den Unterschied zu vielen anderen Konzepten und Strategien. Und wie es eben meine Art ist, wird es das Buch nicht bei theoretischen Betrachtungen belassen, sondern auch schon auf vorhandene Erfahrungen hinweisen. Das sind die wahren Entdeckungen.

**Teil 1**
**Handeln im Handel**

*Es gibt drei Möglichkeiten sein Leben einzurichten: Die Einfache – sein Handeln fremden Denken zu unterwerfen; Die Angepasste – das Handeln im Widerspruch zum eigenen Denken; Die Unbequeme – Denken und Handeln als Einheit zu betrachten.*

*© Thomas Häntsch, (*1958), Fotograf*

**PoS im neuromerchandising®**

Aktuelle Studien der GFK besagen, dass im Jahr 2010 80 Prozent der Kaufentscheidungen am PoS gefallen sind. Gesagt wird aber nicht, was der PoS eigentlich ist. In den Studien der GFK ist mit PoS der Point of Sale gemeint, an dem der Endverbraucher (Consumer oder Shopper) Produkte kauft. Im neuromerchandising® ist der Begriff des PoS wesentlich umfangreicher. Hier ist der PoS überall dort, wo Käufer und Verkäufer aufeinander treffen, gleich, was immer der Eine abgeben oder nehmen, senden oder empfangen möchte. Der PoS bezieht sich hierbei einerseits auf den Ort oder Raum, gleichzeitig aber auch auf die Menschen, die sich in diesem Raum bewegen oder kommunizieren. Dadurch wird deutlich, dass Raum und Ort alles Mögliche sein können: ein Geschäft, ein Einkaufszentrum, ein Büro, ein Schulungsraum oder sogar ein virtueller Raum wie das Internet.

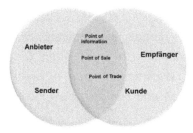

Raum und Menschen haben bedeutenden Einfluss darauf, wie Entscheidungen fallen, wie Produkte, Dienstleistungen oder Botschaften wahrgenommen und verarbeitet werden. Viele von diesen Einflüssen werden unterbewusst, aufgrund der Struktur unseres Gehirns, wahrgenommen. Im neuromerchandsing® werden somit die bewussten Wahrnehmungen berücksichtigt. Entscheidend ist, welchen Einfluss man als Hersteller von Produkten oder als Anbieter von Dienstleistungen auf den PoS hat. Das ist sehr unterschiedlich. So kann bei einem Service zum Beispiel der PoS dort sein, wo sich mein Kunde befindet – Hier habe ich ja keinen Einfluss auf diesen Ort oder Raum, sehr wohl aber auf den Mitarbeiter, der in diesem Moment ein Teil des PoS ist. Der Auftritt dieses Mitarbeiters hat oft eine unterschätzte Wirkung, die man im Kontext von Dienstleistung und dem Erscheinungsbild der Marke betrachten muss. Denn es gibt klare - im Unterbewusstsein verankerte - Vorstellungen darüber, wie zum Beispiel ein EDV-Service Mitarbeiter, ein Arzt, ein Autoverkäufer oder ein Fach-Referent aussehen sollte.

Je nachdem, wie groß mein Einfluss auf die vertikale Struktur beim Vertrieb meiner Produkte oder Dienstleistung ist, desto stärker ist mein Einfluss auf den PoS.

Industrien, die nur einen eingeschränkten Einfluss auf den PoS haben, stehen oft vor der Tatsache, dass sie mit zwei verschiedenen PoS zu tun haben. Einmal in Form des Handels im B2B-Bereich und dann zusätzlich dort, wo Produkt oder Dienstleistung auf den Endverbraucher treffen.

Der Einfluss ist hier unterschiedlich gewichtet, denn Industrie oder Anbieter haben direkten Einfluss auf den Kunden in Form des Vertriebspersonals, so bleibt der Einfluss auf den PoS, wo man letztlich auf den Endverbrauch trifft, eingeschränkt.

Dazu kommt oft, dass – obwohl die Datenlage eindeutig ist – der Fokus kaum auf den PoS gerichtet ist, sondern allein auf das klassische Marketing. In der Markenindustrie setzt zunehmend ein Umdenken ein. Es ist mehr als eine reine Worthülse, weil es durchaus mit Umschichtungen von Mitteln aus der klassischen Werbung in PoS Werbung demonstriert wird.

Gerade in der werbenden Industrie kommt es sehr oft zu einer großen Differenz zwischen dem Anspruch des Produkts oder der Dienstleistung, der Werbebotschaft der Produkte oder Produktgruppe zum PoS.

Es entsteht oft ein „emotionales Desaster", wenn gut gemachte emotionale Werbung und ein starker Markenname auf einen emotionslosen, wenig durchdachten PoS treffen. Besonders deutlich und beeindruckend ist es immer wieder, wenn ich Werbespots, Werbeplakate und Slogans direkt neben Bildern dieser Produkte am PoS zeige.

Es zeigt sich auch aus den Erfahrungen, die bereits seit längerem mit Neuromerchandsing® am PoS gemacht wurden, dass die Unternehmen erfolgreich sind, die es rechtzeitig schaffen, den PoS so zu gestalten, dass sie nicht grundsätzlich dem evolutionär geprägten erfolgreichen Verhalten von Menschen entgegenwirken. Die Wahrnehmung am PoS wird letztlich vom gleichen Gehirn gesteuert, mit dem ich mich verliebe, mit dem ich mich vor Gefahren schütze, mit dem ich lerne, mich in der Welt zurechtzufinden, und das dafür verantwortlich ist, dass ich so etwas wie Glück erlebe.

**Emotionen und Handel**

Emotionen erfahren in allen Bereichen des Handels und der Dienstleistung zunehmend Augenmerk. Selbst Discounter, bei denen man glaubte, dass nur ein rationaler Preis das Geschehen bestimme, greifen zu „Emotionen" in Werbespots. Mittlerweile erscheint dieser Begriff jetzt auch oftmals in Strategie und Planung. In sehr vielen Fällen sind sich die Verwender jedoch gar nicht bewusst, was „Emotionen" sind, was sie bei Menschen bewirken und wie sie geweckt werden können. Man misstraut Emotionen spätestens an dem Punkt der Tatsachen, wenn feststeht, dass nahezu alle Ent-scheidungen, die Menschen treffen, auf Emotionen basieren. In vielen Fällen wird „sachlich" und „rational" entschieden. Das kann der Mensch aber nur sehr bedingt, denn immer haben Emotionen das letzte Wort. Emotionen sind und waren immer ein wichtiger Teil von uns; Sie sind ein sehr alter „Bestandteil unserer Evolution zum modernen Menschen, dem Homo Sapiens." Modern bedeutet in diesem Fall vor 160.000 Jahren, denn die ältesten Funde hinsichtlich des modernen Menschen werden auf eine Zeit von vor ca. 160.000 Jahren datiert und stammen aus Äthiopien.

Man geht davon aus, dass vor ca. 120.000 Jahren eine Wanderwelle einsetzte, ausgehend von Nordostafrika nach Südafrika und Asien, dann vor 40.000 Jahren nach Europa, vor 35.000 bis 15.000 Jahren nach Amerika, vor 60.000 bis 30.000 Jahren nach Australien. Zu dieser Zeit waren Emotionen schon lange ein wichtiger Teil des menschlichen Gehirns und Emotionen sind noch wesentlich älter. Vor etwa sechs Millionen Jahren gab es den letzten gemeinsamen Ahnen zwischen den Vormenschen und den Schimpansen.

Die Entwicklung des Urmenschen dauerte über mehr als eine Million Jahre und der Homo sapiens war dann plötzlich vor gut 200.000 Jahren da. Der „Missing Link" wurde bis heute nicht gefunden.

Fest steht nur, dass die in diesem Zeitraum entstandenen Emotionen heute noch den Menschen in seinem Verhalten bestimmen – und zwar nicht ein wenig, sondern fast ausschließlich.

Die zweihundert Jahre alte Industriegesellschaft hat heute noch kaum Auswirkung auf unsere Entwicklung im Gehirn. Sehr leicht wird auch die technische Entwicklung mit Evolution verglichen oder gleichgesetzt. Die Erfindung des Tauchens zum Beispiel versetzt die Menschheit ja nicht gleich in die Lage, unter Wasser zu leben. Ein Säugetier, das im Wasser leben kann, ist der Delphin. Ausgerüstet mit einem sehr guten Säugetiergehirn kann der Delphin sehr gut im Meer überleben. Voraussetzung dafür ist zum Beispiel, dass der Delphin im Gegensatz zum Menschen bewusst atmet. Da er aber auch, wie fast alle Säugetiere, schlafen muss, läuft er Gefahr, beim Einschlafen zu ertrinken. Eine seltsame Vorstellung, speziell für ein Säugetier, das im Meer seinen Lebensraum hat. Hier hat die Evolution einen einfachen, aber genialen Plan entwickelt. Weil der Delphin bewusst und nicht wie der Mensch spontan atmet, schläft beim Delphin immer nur eine Seite des Gehirns. Die „wache" Seite sorgt dafür, dass der Delphin, im wahrsten Sinne des Wortes, das Atmen nicht vergisst.

Die Vorstellung, dass wir uns beim Tauchen (um bei dem Beispiel zu bleiben) an das Leben im Meer anpassen, ist falsch. Wir schaffen mit der Technik Verhältnisse, wie wir sie seit Hunderttausenden von Jahren gewohnt sind. Was ich damit zeigen möchte ist, dass wir uns mit unserem uralten, aber extrem erfolgreichen Modell des Gehirns durch unsere moderne Welt bewegen und so natürlich auch zwangsläufig durch Geschäfte, Büros und Konferenzen.

„Emotionen im Handel" betrachtet auch die Verhaltensweisen, die für den Handel von großer Bedeutung sind und ebenfalls unmittelbar zu den Emotionen gehören. Emotion ist eben nicht nur das subjektive Erleben von Freude, Geborgenheit, Liebe, Trauer, Ärger, Hass oder Wohlbehagen. Bestimmte Emotionen haben motivationale Komponenten, die dafür sorgen, dass aus dem reinen Wollen auch wirkliches Handeln wird. Zweifellos sind Emotionen dafür verantwortlich, wie wir Informationen speichern.

Emotional gemarkerte Informationen sind besser zugänglich als andere Informationen, die wir wahrnehmen. Lernen gehört zu den wichtigsten Aufgaben der Emotionen. Lernen mit Hilfe von Emotionen ist eine der wichtigsten Fähigkeiten der Menschen überhaupt, und es ist oft schwer zu erkennen, dass auch die sachlichsten Entscheidungen letztendlich vom „emotionalen" Gehirn getroffen werden. Hier zeigt sich die eigentliche Schwierigkeit, wenn es um Emotionen im Handel und Handeln geht.

Stellen Sie sich vor: Sie geben in einer Excel-Tabelle in 15 Zeilen eine Eins ein und lassen dann von Excel eine Summe ermitteln. In dem Feld, in dem die Summe erscheinen soll, steht 16. Sie merken es vielleicht nicht sofort, dass hier etwas nicht stimmt, aber auf den zweiten Blick fällt Ihnen auf: Das kann nicht stimmen! Die Summe von 15 Einsen muss 15 ergeben und nicht 16. Sie geben nochmals in jede Zeile eine 1 ein, aber die Summe ergibt unverändert 16. Sie schließen das Programm und starten es neu, öffnen auch ein neues

Tabellenblatt. Wieder 15 mal die 1, und wieder geschieht das Unbegreifliche – die Summe ergibt 16. Gleich was Sie tun, ein Programmupdate oder Microsoft anrufen, das Ergebnis verändert sich nicht. Jetzt denken Sie vielleicht, was diese Geschichte soll? Das passiert nicht und wird auch nicht passieren!

In diesem Buch wird erklärt, dass es passieren kann und dass es täglich passiert – im Handel und in der Dienstleistung. Das ist nichts Mystisches oder Außerirdisches, es ist Alltag im Handel. Das gibt Antworten auf die Frage, warum die einen im Handel erfolgreicher sind als die anderen. In den klassischen Naturwissenschaften ist lange bekannt, dass 1 und 1 nicht zwingend 2 sein müssen. Und weil das bekannt ist, wurden Dinge wie Computer, Laser, Elektronik usw. erfunden, womit heute etwa ein Drittel des weltweiten Bruttosozialproduktes gemacht wird. Grundlage dieser Erfindungen ist die Quantenphysik, in der die Tatsache, dass 1 und 1 nicht zwangsläufig 2 sein müssen, eher ein geringeres Phänomen ist. Was das dennoch für ein eigenartiges Phänomen ist, kann man am besten in einem Satz ausdrücken, den viele sicher schon einmal gehört haben: „Das Ganze ist mehr als die Summe der Teile". Aristoteles sagt immer dasselbe, wie das Beispiel mit unserer verhexten Rechentabelle. Zwischen diesem, und dem Satz von Aristoteles klafft eine riesige Erkenntnislücke, und es fällt schwer diese zu schließen.

Wenn man den Satz auf den Menschen bezieht, fällt es einem schon viel leichter, ihn anzuwenden. Jeder Mensch möchte mehr sein als die Summe von 2/3 Wasser, 16 kg Kohlenstoff, 4,5 kg Sauerstoff und 1,5 kg Stickstoff. Wenn wir uns jetzt noch vor Augen führen, dass ein 80 Kilogramm schwerer Mensch aus ca. 10 hoch 28 Atomen (das sind 8000

Quadrillionen plus minus ein paar Milliarden Atome) besteht, passt es erst recht nicht in unsere Vorstellung vom Menschenbild. Denn man muss dabei berücksichtigen, dass subatomare Teilchen (aus denen die Atome aller chemischen Elemente, beispielsweise Wasserstoff und Sauerstoff, bestehen) farblos, geschmacklos und geruchlos sind. Sie haben auch keine bestimmte Gestalt. Elementarteilchen sind weder hart noch weich, weder matt noch glänzend.
Zurück zum Handel.
In vielen Bereichen des Handels haben Dinge Erfolg, die wir gar nicht wirklich begreifen. Wenn es anders wäre, müssten wir einfach diese erfolgreichen Ansätze kopieren und hätten auch diesen Erfolg. Sehr oft wurde das bereits erfolglos versucht. Wenn wir nicht alle Teile haben, ist unsere Kopie unvollständig, und damit bleibt der Erfolg aus. Lange wurde in manchen Bereichen des Handels zu sehr auf den Preis geschaut („Hauptsache der Preis stimmt und alles wird gut"). Das war nicht in allen Bereichen des Handels so, aber in sehr vielen. Auch heute hat der Preis für ein Produkt eine große Bedeutung auf die Entscheidung, ob ich kaufe oder nicht. Nur der Blick auf die Bewertung des Preises hat sich, nicht zuletzt durch die Neurowissenschaften, sehr geändert.
Der Blick auf das Preis-Leistungs-Verhältnis ist klarer geworden, aber auch komplexer. Wenn wir anfangen zu verstehen, welche Dinge Einfluss auf das Kaufverhalten nehmen, müssen wir uns im Umgang mit Kunden überlegen, ob unsere Strategien wirklich noch auf dem Stand der Zeit sind. Der lange Zeit alles erklärende und alles lösende Preis verliert zunehmend seinen allmächtigen geglaubten Einfluss. Neue Schlagwörter wie Emotionen und Neuromarketing

machen die Runde. Der Titel dieses Buches enthält im Wort „Handel" eine Doppelbedeutung.

Die eine Bedeutung von Handel bezieht sich auf Handeln im umgangssprachlichen Sinn, auf das bewusste Agieren, Arbeiten oder Gestalten. Was ganz im Gegensatz zu dem steht, von dem man glaubt, dass es einem einfach widerfährt; Zum einen weil es sich sehr intensiv mit der Frage auseinandersetzt, was Menschen, in unserem Fall Kunden, dazu bewegt, zu kaufen oder auch nicht zu kaufen. So wie jede Art von Handeln durch Reize ausgelöst wird, bestimmen auch diese Reize, wie ich mich beim Einkaufen verhalte und entscheide.

Um Reize zu empfangen, ist der Mensch mit einer Vielzahl von Sinnen ausgestattet. Mehr als die bekannten „fünf Sinne", die wir sprichwörtlich immer beisammen haben sollen. Selbst wenn wir gelegentlich auch noch den siebten Sinn dazu nehmen, dem besondere Fähigkeiten nachgesagt werden, reicht das nach der heutigen Wissenschaft nicht aus.

Heute geht man von bis zu zehn Sinnen aus, wobei sie dem elften Sinn begegnen werden: dem „Unsinn".

Zweitens ist der Handel gemeint – in meinem Fall aus meinem gelernten Beruf des Einzelhandelskaufmannes. Der Handel ist fast so alt wie die Menschheit selbst, und lange vor differenzierten Gesellschaften gab es ihn bereits. Fernhandelsbeziehungen über mehrere hundert Kilometer sind nachweisbar bereits 140.000 Jahre alt. Dieser Handel war in der Anfangszeit in erster Linie das Tauschen von Gütern. Städte entstanden, in den meisten Fällen aus den Orten und Punkten, wo sich Händler aus verschiedenen Volksgruppen und Kulturen trafen. Gleich, welche Kultur man betrachtet: Eines wird man – bei allen Unterschieden – fast ausnahmslos finden: Handel. Er war der Antrieb des zivilisatorischen Fortschritts. Er verband Ideen und Techniken aus verschiedenen Kulturen und Ländern. Er förderte so die Entstehung von städtischen Lebensformen und auch die Entwicklung von Hochkulturen.

Händler waren es, die überlieferte Wertestrukturen aufbrachen und verschlossene Systeme öffneten, denn Handel war auch immer mit sozialen Kontakten verbunden. Wenn wir uns heute wegen der Überschwemmung des Marktes mit „Made in China" - Produkten beklagen, übersehen wir leicht, dass dies absolut nichts Neues ist. Schon in der Zeit etwa 100 v. Chr. verband die so genannte Seidenstraße, ein System aus Fernhandelsrouten über etwa 6000 Kilometer, Rom mit China. Auch Dollar und Euro sind eigentlich ein „alter Hut". Der vom römischen Kaiser Konstantin im 4. Jahrhundert geschaffene Gold-Solidus wurde über Jahrhunderte hinweg von China bis Portugal akzeptiert. Märkte (lat.: mercatus Handel, zu merx Ware) als erste Form des Einzelhandels entwickelten sich an den verschiedensten Orten, an denen sich Menschen begegneten. Oft waren das natürliche Lichtungen, Oasen oder Furten an Flüssen. Der Einzelhandel blühte auf, als Städte entstanden. In den Zentren der Städte bildeten sich Hauptgeschäftsstrassen. Diese Geschäftstrassen haben auch heute noch Bestand, werden aber durch eine Vielzahl anderer Einzelhandelskonzepte global zu einem kaum noch durchschaubaren Geflecht von Angebot und Nachfrage. Selbst in Kriegen betreiben die kriegführenden Parteien durchaus noch Handel.

Handel und Märkte waren und sind immer eng mit menschlichen Begegnungen verbunden – und damit im hohen Maße emotional. Daran ändert sich auch nichts durch ein immer

globaler werdendes Internet. Dass einmal das Internet den Handel ersetzen wird, gehört in den Bereich Science Fiction. Es ist in einigen Teilen der Welt längst ein fester Bestandteil des Handels geworden und wird sicher noch wachsen. Global gesehen sind wir sehr weit davon entfernt, dass jeder Mensch die Möglichkeit hat, ein Geschäft oder einen Markt zu benutzen. Aber glauben Sie allen Ernstes, dass ein Mensch, der Zugang zum Internet hat, auf das Stöbern in Geschäften oder das Bummeln durch Fußgängerzonen verzichten möchte? Dass in manchen Geschäften das Einkaufen zu Qual wird, kann ich sicher aus meiner Erfahrung verstehen, und dass ich mir manchmal wünsche, lieber alles im World Wide Web zu bestellen, das kennt jeder von sich selbst. Aber was würden Sie sagen, wenn Sie in Ihrem nächsten Urlaub, auf ihrem Markt am Urlaubsort, nicht in eine Welt mit mediterranem Flair eintauchen könnten, mit Blumen, Pflanzen, schönen Düften und natürlich den Menschen der Urlaubsregion.
Stattdessen fänden Sie vor Ort nur ein Hinweisschild auf dem steht „Besuchen sie uns unter www.mediterraner-markt.com". Spätestens dann hätten sie genug von dem modernen Einkaufen im Internet.

Gern höre ich Experten zu, wenn sie über die Entwicklungen und die unendlichen Möglichkeiten des Internetverkaufs sprechen, und denke im Stillen darüber nach, wie sie das ihren Frauen erklären, wenn diese wieder mal vor ihrem Schuhschrank stehen und voller Verzweiflung feststellen, dass sie wahrscheinlich baren Fußes laufen müssen, weil gerade heute keines der zahllosen Paar Schuhe in Frage kommt. Trauen sie sich dann zu sagen: „Schatz, bestell Dir doch ein

Paar Schuhe im Internet. Die sind dann in spätestens einer Woche da". Wer traut sich das denn wirklich?
Dr. Ernst Dichter wurde als Tiefenpsychologe und Motivationsforscher ein unentbehrlicher Ratgeber der amerikanischen Werbewirtschaft. "Herr Doktor", fragte ihn der Vorstand einer großen Damenschuhfabrik, "was sollen wir machen, um mehr Schuhe zu verkaufen?". "Meine Herren", antwortete Dichter, "es fängt damit an, dass man Frauen keine Schuhe verkauft. Frauen verkauft man schöne Füße!". Das kann man auch sehr leicht auf Männer übersetzen, die mit den gleichen Entscheidungssprossen einkaufen wie Frauen. Sie kaufen keine Bohrmaschine, sondern Löcher in der Wand – und manchmal das Gefühl ein begnadeter Handwerker zu sein. Es sind die Emotionen der Menschen, die den Unterschied im Handel ausmachen. Dass sie untrennbar zum Handel gehören, ist natürlich nicht neu. Besonders die werbetreibende Industrie hat schon sehr lange auf diese „emotionale" Karte gesetzt. Was an Bild und Ton in Spots heute in der Werbung eingesetzt wird ist höchst emotional. Produkte werden so anders bewertet. Nun ist es nicht so, dass allein eine emotionale Werbung ausreicht, um breite Käuferschichten zu gewinnen, denn hinter den Werbebotschaften stehen, gerade in der Markenindustrie, auch gute Produkte mit hoher Qualität. Die Vorstellung, dass man eine bestimmte Qualität zu jedem Preis bekommt, kann nicht stimmen, auch wenn man es den Verbraucher gerne glauben lassen möchte. Der englische Schriftsteller und Sozialphilosoph John Ruskin hat dies sehr treffend formuliert: „Es gibt kaum etwas auf dieser Welt, das nicht irgendjemand ein wenig schlechter machen kann und etwas billiger verkaufen könnte, und die Menschen, die sich

nur am Preis orientieren, werden die gerechte Beute solcher Menschen."

Wenn jemand eine Tiefkühlpizza für 99 Cent kaufen möchte, darf er sich nicht wundern, dass er statt Schinken Formfleisch auf dem Belag findet. Verarbeitung und Verwendung von Rohstoffen haben eben einen großen Einfluss auf den Preis. Dazu kommt auch ein ideeller Wert, den ein Produkt darstellt. Eine Harley Davidson ist sicher nicht das beste, technisch ausgefeilteste und modernste Motorrad, aber ein wirklicher Liebhaber würde sie niemals gegen eine technisch perfekte Maschine eintauschen. Allein dieser Sound ist für viele ein wunderbares Erlebnis. Wie hier für das Kultmotorrad, gilt das auch in gleichem Maße für andere Produkte und Güter. Nutella ist eben Nutella, Nivea ist Nivea und Tempotaschentücher sind eben Taschentücher aus Papier.

Ein Kunde fragte mich vor vielen Jahren, als ich als Lebensmittelabteilungsleiter in einem SB-Warenhaus arbeitete, wo er denn eine Flasche Maggi finden würde: Ich führte ihn zum Regal, in dem die Würze stand. Er schaute kurz und nahm dann eine Flasche Würze, die in der direkten Nähe der Maggi Flaschen stand, und sagte: "Das beste Maggi ist immer noch von Knorr" – ein Satz der jeden Markenartikelhersteller im Mark erschüttert, aber ein Sinnbild für den Wert eines Markenartikels. Die Werbung um Produkte und Dienstleistung ist in Bild, Film und Ton heute oft höchst emotional. Dafür gibt es hunderte Beispiele. Selbst die absoluten Preisfetischisten im Discountbereich setzen darauf. Zwischen der emotionalen Werbung und dem auch oft emotionalen Gebrauch eines Produktes liegt der PoS – und der ist in vielen Fällen alles andere als emotional gestaltet. Vor dem emotionalen Moment, zum ersten Mal in meinem neuen

Auto zu sitzen, steht das garagenähnliche Autohaus im Look einer Bahnhofshalle.

Der Autoverkäufer gibt mir das Gefühl, eigentlich viel zu begriffsstutzig zu sein, dieses Meisterwerk moderner Ingenieurkunst über die Straße zu bewegen. Und eigentlich sollte ich mich als Kunde bedanken, dass ich das Gefährt ausgehändigt bekomme. Ein folgenschwerer Irrtum.

**Neuro**

Macht es überhaupt Sinn Hirnforschung und Handel, Marketing und Merchandising zusammen zu führen? Es macht viel Sinn.
Was Handel so treibt, wissen wir sehr gut, denn wir begegnen ihm fast täglich in irgendeiner Form: als Geschäft, als Werbung usw. Aber was macht die Hirnforschung, und warum ist sie in den letzten Jahren so in die Aufmerksamkeit gerückt? Kaum eine Fernsehsendung, die sich mit wissenschaftlichen Themen beschäftigt, verzichtet auf die Forschung der Neurobiologie oder anderer Neurowissenschaftler. Bücher, in denen es um die Funktion des Gehirns geht, stehen auf den Bestsellerlisten. Fast jeder von uns hat sicher schon einmal ein animiertes Gehirnbild gesehen. Auf diesen Bildern sieht man bunte Flecken in der grauen Gehirnmasse, oft wird davon gesprochen, dass bestimmte Bereiche im Gehirn aufleuchten.
Wenn Sie einen Blick in ihr Gehirn werfen, stellen sie fest, dass es da nichts gibt, was leuchtet, und auch keine blauen und roten Flecken. Das hat nichts damit zu tun, dass ihr Gehirn nicht funktioniert, es ist völlig normal, denn Gehirnzellen leuchten nicht, sondern sind eine graue Masse, auch wenn sie noch so heftig in Aktion sind. Doch wie kommt es zu diesen bunten Hirnweltbildern? Diese Bilder entstehen in der sogenannten „MRT".

Die funktionelle Magnetresonanztomographie ist eine relativ junge Weiterentwicklung der klassischen Magnetresonanztomographie. Sie erweitert die MRT um einen funktionellen Anteil. Durch fMRT-Aufnahmen ist es möglich, Stoffwechselvorgänge, die aufgrund von Aktivität entstehen, sichtbar zu

machen. Rückschlüsse auf den Ort einer Aktivität können dann in Form von Wahrscheinlichkeiten berechnet werden.
Eine fMRT-Untersuchung läuft in der Regel in drei Phasen ab:
- Prescan – ein kurzer, gering auflösender Scan; Hiermit kann die korrekte Lagerung des Patienten geprüft werden.
- 3D MRT-Scan – ein räumlich hoch auflösender Scan, um die Anatomie des zu untersuchenden Bereichs detailgetreu darstellen zu können.
- Der eigentliche fMRT-Scan – ein schneller Scan, der die stoffwechselbedingten Unterschiede (BOLD-Effekt) im untersuchten Gewebe registriert.

Bei einer Untersuchung des Gehirns zu Versuchszwecken kann dem Probanden im dritten Teilscan zum Beispiel ein wiederholter Reiz präsentiert werden. Häufig wird der Reiz mit einer Aufgabe für den Probanden verknüpft, etwa der Aufforderung, bei jedem gezeigten Objekt x eine Taste zu drücken. Den meisten Versuchen gemein, ist die häufige Wiederholung der Aufgabe. So kann dann durch statistische Verfahren ein Vergleich aufgezeichneter Daten aus der Reizphase mit denen aus der Ruhephase stattfinden. Der hieraus berechnete Unterschied wird grafisch auf den zuvor durchgeführten MR-Scan, in Form von farblichen Markierungen, projiziert.

Denn dem Hirn bei seiner Tätigkeit zuzusehen, bedeutet für die Hirnforschung einen gewaltigen und großen Fortschritt. Lange musste man sich damit begnügen, Gehirne zu untersuchen, die nicht mehr in Funktion waren. Die entnommenen Organe wurden in sehr dünne Scheiben geschnitten, und diese Scheiben wurden dann durch verschiedene Verfahren eingefärbt, so dass man sehr viel über Struktur und Aufbau lernen konnte. Camillo Golgi Santiago Felipe Ramón y Cajal erhielt für diese Art von Hirnforschung 1906 den Nobelpreis. Struktur und Aufbau des Gehirns wurden so sehr gut erforscht, aber sie sagten nichts darüber aus, wie dieses Gehirn funktioniert.

Für die neuen Verfahren muss man nicht warten, bis der Proband verstorben ist, man kann ihn ohne große Risiken in so einen MRT, eine Art Röhre, schieben. Das Gerät kann dann ein Bild des Gehirns auf einem Computer produzieren.

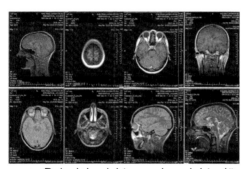

Es wird ein Bild gemacht, bei dem der Pro-band sein Gehirn nur wenig benutzt. Das ist natürlich auch nur bedingt möglich, aber wenn man zum Beispiel nichts mehr sieht, lässt die Gehirntätigkeit deutlich nach, so entsteht eine Art neutrale Vergleichsunterlage. Danach wird das Gehirn des Probanden wieder in verstärkte Aktion gesetzt, in dem man ihm Bilder zeigt, Rechenaufgaben gibt oder auch Entscheidungen fällen und Handlungen ausführen lässt, oder – wie ich es in einem späteren Beispiel beschreiben werde – einkaufen. Die Gehirnzellen, die an diesen Prozessen beteiligt sind, werden stärker mit Energie versorgt. Nun wird diese Energieversorgung mit dem Bild verglichen. Dabei werden schon kleinste Veränderungen aufgezeichnet – schon eine Veränderung um 0,1 Prozent wird registriert. Dies wird nun vom Computer auf dem Bildschirm eingefärbt, um sichtbar zu machen, welche Bereiche in welcher Intensität aktiv sind.

Diese vom Computer eingefärbten Bilder sind es dann, die abgebildet werden. Durch Forschung und Untersuchungen sind Hirnforscher heute schon sehr gut in der Lage zu bestimmen, welche Bereiche im Gehirn für welche Dinge zuständig sind. Die enormen Fortschritte in der Technik haben zwar einige Fragen beantwortet, aber noch mehr neue Fragen aufgeworfen. Forscher können sehr genau lokalisieren, welche Bereiche im Gehirn mit welchen Dingen besonders beschäftigt sind. So gibt es ein Sprachzentrum, ein Sehzentrum, ein Geruchszentrum und viele andere genau lokalisierte Bereiche – aber die Frage, die ich mir als Einzelhandelskaufmann stellte, war: Gibt es auch ein „Einkaufszentrum" im Gehirn? Um es vorweg zu nehmen: Es gibt Einkaufszentren im Gehirn. Das behaupten zumindest einige renommierte Hirnforscher. Auch gibt es dazu schon seit längerem detaillierte Untersuchungen, die wenig Zweifel daran lassen, dass es so etwas wie Einkaufszentren im Gehirn gibt, die immer aktiv werden, wenn es ums Einkaufen geht. Doch ähnlich wie beim Seh-, Geruch- oder motorischen Zentrum sind auch immer in verschiedener Weise andere Bereiche des Gehirns aktiv - und das recht unterschiedlich - was alles wieder kompliziert macht.

Die Wissenschaft hat in der Diskussion über das Bewusstsein lange Zeit außen vor gelassen, dass Emotionen unser Verhalten maßgeblich bestimmen, ohne dass wir uns dessen bewusst sind. Vielmehr wurde davon ausgegangen, dass Bewusstsein eine rein rationale Angelegenheit ist. Der Hirnforscher Antonio R. Damasio erklärte schon 1995 in seinem Buch "Descartes Error" (deutsch "Descartes' Irrtum") und seinen späteren Werken die Bedeutung der Emotionen bei Bewusstsein und Entscheidungen. Verschiedene Untersuchungen brachten ihn dazu, die Emotionen als wesentlichen Bestandteil eines intelligenten Systems zu betrachten. Daraus schloss er, dass für rationale Entscheidungen Emotionen unerlässlich sind. Dieser Befund wird zwar von einigen Wissenschaftlern kritisiert, doch die Mehrheit von ihnen stimmt Damasio heute prinzipiell zu, dass Rationalität ohne Emotionen nicht denkbar ist. Damit werden selbst schlichte Entscheidungen wie der Kauf von ein Paar Socken zum Problem: Statt sich auf ihr »Bauchgefühl« zu verlassen, versuchen die Betroffenen, alle Vor- und Nachteile des Produkts gegeneinander abzuwägen – ein äußerst langwieriger Prozess. Damasio schloss daher, dass unser Gefühlsleben unsere Entscheidungen nicht nur maßgeblich beeinflusst; vielmehr können wir ohne Hilfe der Gefühle überhaupt nichts entscheiden. Nach Damasios Theorie der somatischen Marker (soma, griechisch: Körper), beeinflussen emotionale Körpersignale die Wahl zwischen zwei Alternativen, insbesondere bei komplexen Situationen. Damasios Modell hat nichts mit der Modewelle der "emotionalen Intelligenz" zu tun, die in den letzten Jahren über uns hinwegschwappt und die "Emotion" lediglich missbraucht, um pop-psychologische Bücher und Seminare zu verkaufen. Daraus aber zu schließen, dass wir unsere Emotionen und Instinkte im Griff hätten, ist sicherlich genauso falsch. Aber wer von der "Natur des Menschen" oder „Natur des Kunden" spricht, der darf diesen wichtigen Aspekt nicht außer acht lassen.

Der Fall des Patienten Elliot Smith gilt als einer der bekanntesten Fälle, wie sich Verlust von Emotionalität auswirkt. Über den Fall berichtete Bas Kast im Spiegel Online am 10.08.2008. Elliot Smith war ein erfolgreicher Geschäftsmann, als sich eines Tages sein Leben unwiderruflich änderte. Es begann mit Kopfschmerzen und Konzentrationsschwierigkeiten, die immer schlimmer wurden. Bei der Arbeit machte er Fehler: Seine Kollegen mussten ihn korrigieren oder ihm die Arbeit ganz abnehmen. Er ging zum Arzt. Dort stellte sich heraus, dass in seinem Kopf, direkt hinter der Stirn, ein Tumor wuchs. Das Geschwür hatte die Größe einer Mandarine. Chirurgen schnitten den Tumor heraus sowie einen Teil des Stirnlappens, dem vorderen Teils der Großhirnrinde. Anfangs schien es, als sei die OP ein Erfolg. Bald jedoch zeigte sich, dass Smith nicht mehr der Alte war. Er kam nicht mehr aus dem Bett, er musste regelrecht dazu gedrängt werden. Bei der Arbeit war er völlig verloren. Nahm er sich vor, seinen Schreibtisch aufzuräumen, konnte er stundenlang darüber grübeln, nach welchem Prinzip er seine Papiere sortieren sollte. Irgendwann schließlich fing er damit an – nur um sich kurz darauf in eines der Dokumente zu vertiefen und dabei ganz das Aufräumen zu vergessen. Schließlich erhielt er die Kündigung. Daraufhin tat er sich mit einem dubiosen Partner zusammen – und endete im Bankrott. Seine Ehe ging in die Brüche. Am Ende irrte er ratlos durchs Leben und wurde schließlich von seinen Geschwistern aufgefangen. Während dieser Zeit lernte der portugiesisch-amerikanische Neurologe Antonio R. Damasio den Patienten kennen. Der Arzt stellte fest, dass Elliot Smith keinerlei Gedächtnisprobleme hatte, und seine Intelligenz lag im oberen Bereich. Erst nach vielen Gesprächen und Untersuchungen wurde dem Neurologen klar, dass es Smith nicht an Intelligenz oder Wissen mangelte, sondern an etwas anderem, und dass dies die Ursache für sein unvernünftiges Verhalten sein könnte: Es fehlte ihm an Gefühl. Von Beginn an war Damasio das kühle Verhalten Smiths aufgefallen: "In den vielen Stunden erlebte ich bei ihm nie einen Anflug von Emotion: keine Traurigkeit, keine Ungeduld, keinen Überdruss angesichts meiner endlosen Fragerei." Selbst von seinem eigenen Schicksal erzählte Smith, als sei es eine Nachricht aus der Zeitung. Ein Test brachte das ganze Ausmaß seiner Gefühllosigkeit ans Tageslicht. Als Smith Bilder von brennenden Häusern und ertrinkenden Menschen vorgelegt wurden, blieb er vollkommen regungslos. Offenbar waren mit der Operation Hirnareale zerstört worden, die für die emotionale Wahrnehmung und Bewertung wichtig sind. Was durch den Fall Smith klar wird, ist, dass Emotionen nicht etwas einfältiges Naives sind, sondern eine eigene Form von Intelligenz.

Sie machen uns zu Menschen und sind Bestandteil von Vernunft- und Verstandesentscheidungen. Emotionen steuern uns durch unser Leben, wie sehr wir auch um Vernunft und Verstand bemüht sind.

**neuromerchandising®**

Sehr oft werde ich gefragt, ob neuromerchandising® nur etwas für große Händler mit vielen Filialen oder für die Markenindustrie ist. Meine Antwort ist immer ein klares Nein. neuromerchandising® ist für jeden, der einen PoS betreibt. Wieviele Geschäfte er hat und wie viel Umsatz er erzielt, ist dabei unerheblich. Erfolgreich ist ein PoS, wenn Menschen mit Zufriedenheit, Stolz, und Spaß an diesem PoS stehen. Unabhängig davon, ob es sich um ein selbst erdachtes Konzept handelt, oder eines, was andere erdacht haben, gleich ob es groß oder klein in der Fläche ist.
Grundsätzlich ist neuromerchandising® ein neuer anderer Weg, den PoS zu verändern. Es setzt zum größten Teil auf die emotionale Seite des Menschen und nicht nur auf die rationale Seite. Ich bin mir darüber im Klaren, dass ich mich in den Augen vieler Handelsleute und Marketingmenschen gegen die Regeln stellte, die da heißen: „Geiz ist geil", „Billiger um jeden Preis", „Preise gut, alles gut". Auch im neuromerchandising® spielt der Preis eine Rolle, aber nicht als alles beherrschender Faktor des Handels. Falsche Preise vernichten nicht nur Handelsstrukturen, sondern auch gigantische Werte von Produkten und Dienstleistungen.
Wird heute in der westlichen Welt von Innovationen und Marketing gesprochen, kommt man fast immer auf Apple, insbesondere auf das iPhone. Hier möchte ich auf zwei Dinge hinweisen, die mir in diesem Zusammenhang wichtig erscheinen. Das Touchscreen, mit dem Apple 2007 die Mobilfunk-Welt eroberte, hatte Nokia bereits 2004. Es verkaufte sich schlecht, und die amerikanischen Analysten, deren rationales Urteil oft unmittelbar auf den Börsenkurs und

auf den Unternehmenswert wirkt, urteilten: Touchscreen? Bloß etwas für Businesskunden, kein Massenmarkt. Applikationen (Apps)? Spielerei, braucht kein Mensch. Das, was angeblich kein Mensch brauchte, ist einer der Gründe, warum seit dieser Zeit der Firmenwert von Nokia von 300 Milliarden auf 30 Milliarden gesunken ist.

Das zweite, was aus meiner Sicht wichtig ist: Apple gelang es mehr als nur ein neues Mobiltelefon zu entwickeln. Es stellte das gesamte Geschäft auf den Kopf. In der Vergangenheit beruhte dieses Geschäft vor allem auf Hardware und auf Regeln, die Nokia und andere großen Produzenten bestimmten. Sie wurden praktisch über Nacht außer Kraft gesetzt und die Software ist entscheidend geworden. „Game-Changer" wurden Unternehmen genannt, die das Spiel einer Branche neu definieren. Auch neuromerchandising® unternimmt so einen „Game-Change".

neuromerchandising® muss selbst auf einem Weg entdeckt werden, den keiner für Sie gehen und niemand ihnen ersparen kann, denn neuromerchandising® besteht in erster Linie aus einer bestimmten Sicht der Dinge. Schon sehr früh habe ich erfahren, dass es nicht dabei bleiben kann, allein eine Theorie aufzustellen; Ich wollte einfach wissen, ob meine 30 jährige Handelserfahrung und meine Erkenntnisse aus den Neurowissenschaften wirklich etwas verändern können. Veränderungen werden erst einmal große Bedenken entgegengebracht – auch das ist durchaus normal und zeugt davon, dass ein Gehirn zunächst mal lieber auf erfolgreiche Strukturen zurückgreift.

Die Wege, einen PoS nach den Grundlagen des neuromerchandising® zu gestalten, unterliegen einer Reihenfolge, die erst einmal nur wenig mit den Neurowissenschaften zu tun hat. Die Frage, ob ich immer ökonomischen Erfolg in meiner Einzelhandelsgeschichte gehabt habe, beantworte ich folgendermaßen: Um den höchsten Grad an Erkenntnis am PoS zu entdecken, den der Mensch seit Jahrtausenden Handel nennt, muss man frei von Dogma und Autorität sein. Nur dann wird sich herausstellen, ob Ihr PoS ein erfolgreicher PoS ist.

Wo immer sich Handelsleute und Anbieter von Dienstleistungen zusammen finden, stehen immer öfter Emotionen auf der Agenda. Aus dieser Entwicklung ist neuromerchandising® entstanden, denn es hilft, diese emotionale Sichtweise praktisch umzusetzen. Dabei stehen die Funktionsweisen und die positiven aber auch negativen Einflüsse auf Menschen - im besonderen auf Verbraucher und Kunden, aber auch auf Mitarbeiter und Kollegen, im Vordergrund. Braucht die Welt wirklich ein neues Wort dafür? Ob es die Welt braucht, weiß ich nicht, aber es wird benötigt, um einen Oberbegriff für eine interdisziplinäre Vorgehensweise zu schaffen.

Dieses neue Wort ist ein aus zwei Begriffen zusammengesetztes Wort, die zusammen verwendet, neu sind. Als ich begann das Wort zu benutzen gab es diesen Begriff noch nicht. Das hat sich mittlerweile geändert. Ich habe dieses Wort nicht entwickelt, weil ich ein neues Wort erfinden wollte, so wie es viele tun, die sich unzählige Internetadressen schützen lassen. Die Menschen wissen oft nicht, was diese Namensschöpfungen jemals bedeuten sollen. Mein Antrieb lag darin, eine Bezeichnung für das zu finden, was ich jeden Tag tue. All die Orte, wo ein Kunde auf Anbieter trifft, bezeichne ich als Handel oder PoS. Auch Dienstleistung ist für mich Handel, gleich wo und an wen ich etwas verkaufe oder weitergeben möchte. So ist es aus meiner Sicht erst einmal völlig unbedeutend, was ich nun verkaufen möchte – ein Produkt, eine Dienstleistung oder eine Idee.

Auf den ersten Blick scheint es etwas völlig anderes zu sein, ob ich nun ein U-Boot, ein Unternehmen, ein Programm zur Steuerung einer Fräsmaschine, einen neuen Zahn, eine Beratung oder eine Tüte Zwieback verkaufen möchte. Bei genauerer Betrachtung ist festzustellen, dass im Grunde alles wieder auf ein bestimmtes Grundprinzip zurück geführt werden kann: Auf das Prinzip, dass Menschen Entscheidungen treffen müssen, dieses zu tun oder jenes zu lassen, dieses zu kaufen und jenes eben nicht. Dabei lässt sich feststellen, dass es auf dieser Ebene nicht entscheidend ist, was ich verkaufe oder kaufe, sondern was im Kopf des Verkäufers und was im Kopf des Käufers vorgeht.

Der Begriff Merchandising kommt aus dem angloamerikanischen Sprachraum. Einigkeit im praktischen Bereich herrscht insoweit, dass Merchandising einen Teil der Marketingaktivitäten darstellt, bei dem versucht wird, unter anderem Markierung, Produktgestaltung und Verpackung des Produkts so zu bestimmen, dass Umsatz geschaffen oder beschleunigt wird. Merchandising wird auch als eine der modernsten Methoden zur Erhöhung des Absatzes von Waren und Dienstleistungen bei potentiellen Verbrauchern bezeichnet.
Für mich ist Merchandising mehr als allein ein Teil des Marketing. Es ist der Kontext von Produkt oder Dienstleistung – zum Ort, zur Inszenierung, zur Art der Informationsübermittlung (z.B. Sprache) und den Wahrnehmungen des Kunden. Aber Merchandising stellt ebenfalls auch den Kontext zwischen Produkt oder Dienstleistung und dem Händler oder

Verkäufer als Person dar. Zusammengefasst – all die Dinge, die Menschen mit Ihren Sinnen aufnehmen, bevor und in dem Moment, in dem sie mit Produkt, Dienstleistung und Marke in Berührung kommen.

Der Umgang mit Kunden ist so alt wie der Handel selbst, welcher Art auch immer diese Kunden waren oder sind – ob der sogenannte Endverbraucher oder der B2B Kunde. Der Einzelhandel beschränkt sich hierbei nicht allein auf Geschäfte, die Produkte an den Endverbraucher bringen möchten, sondern umfasst alle Bereiche, wo Verkäufer und Käufer sich von Angesicht zu Angesicht begegnen.

Lange Zeit hatten Hinforschung und Handel nichts miteinander zu schaffen. Das hat sich in letzter Zeit radikal geändert. Neuromarketing ist eines der Schlagworte dieser Erscheinung. Neuromarketing verbindet die Ergebnisse aus der Hirnforschung und dem Marketing. Das ist nicht ganz neu, denn das Wort Neuroökonomie und die dazugehörige Wissenschaft gibt es schon etwas länger. Neuroökonomie kommt aus den USA. Es hat schon vor Jahren Kongresse mit diesem Thema gegeben. Gehirnforschung kann nicht die gesamten Probleme des Handels und des Verkaufes lösen, die derzeit einen großen Wandel durchlaufen.

Der renommierter Gehirnforscher, Professor Manfred Spitzer, erklärte, was Hirnforschung leisten kann: „Gehirnforschung kann Probleme ebenso wenig lösen wie ein Automechaniker den Energieerhaltungssatz oder die Mobilitätsprobleme der Gesellschaft lösen kann." Sofern man jedoch wirklich etwas von Autos versteht, kann man manche vorgeschlagenen Lösungen des Mobilitätsproblems entweder besser umsetzen oder als Unfug entlarven."

Zunehmend erforscht die Wissenschaft die unglaublichen Verflechtungen des Gehirns. Dazu kommen Zusammenhänge, die so gar nicht zu unserer Vorstellung eines modernen, rationalen Menschen passen. Daraus entsteht eine gewisse Abneigung und Ablehnung gegenüber wissenschaftlichen Ergebnissen, die alte geliebte Verhaltensweisen und Ansichten widerlegen.

Oft passen gerade Gefühle nicht in unsere Handelsgesellschaft. Vielleicht liegt es daran, dass wir sie eben nicht berechnen, einfrieren, verkaufen oder mit einem Preis versehen können. Emotionen sind viel umfangreicher zu sehen. Gefühle sind nicht gleich Emotionen, sondern Teil der Emotionen.

Bei allen Einschränkungen, die man in der Verbindung mit Handel, Ökonomie und Gehirnforschung machen muss, trägt die Hirnforschung letztendlich dazu bei, dass ein Paradigmenwechsel eingesetzt hat. Das über sehr lange Zeit geglaubte, gelehrte und hartnäckig gestützte Bild des Homo Oeconomicus gerät immer öfter, auch in der Wirtschaftswissenschaft, ins Abseits. Dafür rückt der Homo Neuro-biologicus immer mehr in den Fokus, dessen Verhalten kognitiv, emotional und sozial bestimmt wird.

Der Blickwinkel auf die Grundprinzipien des menschlichen Gehirns hat sich verändert.

Es erscheint zwar offensichtlich, dass der Mensch nach Maximierung des eigenen Nutzens strebt. Dieses Optimierungsverhalten muss aber auf Grund der neuen Erkenntnisse genauer definiert werden. Es stellt sich heraus, dass neben dem wertvollen monetären Einkommen auch die Erfahrung bestimmter Emotionen im gleichen Sinne Nutzen stiftet.

Der Preis bleibt dennoch ein nicht zu vernachlässigendes, ökonomisches Argument. neuromerchandising® ist nicht der Versuch, auf die unterbewusste Wahrnehmung gezielt Einfluss zu nehmen, um damit dieses oder jenes Produkt zu verkaufen. So einen Einfluss auf das menschliche Gehirn gibt es nicht.
Hier werden oft Hoffnungen geweckt, die weit entfernt davon sind, wirklich Einfluss zu nehmen.
neuromerchandising® dient also dazu, die unterbewusste Wahrnehmung auf einer sehr tiefen Ebene des Gehirns am PoS zu berücksichtigen.
Oft sehen Ladenbau, Architekten und Designer neuromerchandising® auf den ersten Blick als eine Art Konkurrenz, die Einfluss nehmen oder sogar die erarbeitete Gestaltung ersetzen will. Das ist aber nicht der Fall. neuromerchandsing® ersetzt weder Design noch Architektur, sondern überprüft allein die Auswirkungen auf den Menschen. In der Architektur ist neuromerchandsing® die Statik. Ein Raum kann noch so schön gestaltet sein – wenn eine Klimaanlage stinkende Luft hinein bläst oder es zu kalt oder warm ist, werden Menschen ihn verlassen, so ansprechend das Design auch war.
Das gleiche gilt für Produkte. neuromerchandising® kann helfen, ein Produkt in den richtigen Kontext zu setzen. Aber es ist nicht in der Lage, aus einer schlechten Qualität eine gute zu machen. Hier schlägt das auf Erfahrung basierende Gehirn erbarmungslos zu. Ein Produkt, das Magenschmerzen und Erbrechen ausgelöst hat, aus welchen Gründen auch immer, wird später sehr schwer den Weg in den Einkaufskorb finden.
Oft werde ich gefragt, ob es ein funktionierendes Vorbild für die Idee des neuromerchandising® gibt. Ja, das gibt es in der Tat. Für mich ist die katholische Kirche ein deutliches Beispiel für die Anwendung von neuromerchandising®. Dies hat nichts

mit den Glaubensinhalten der Kirche zu tun, sondern ausschließlich mit dem „PoS" dieser Religion: der Kirchengestaltung. Wer einmal in Köln den Dom besichtigt, kann sich selbst ein Bild von dieser Wirkung auf Menschen machen. Wer vom lauten Domplatz in den Dom geht, stellt fest, wie sehr sich der Lärm durch die Gespräche der Menschen verringert. Die Größe und Erhabenheit des Gebäudes flößt den Menschen nach wie vor Respekt ein, und die Menschen verhalten sich wesentlich ruhiger, gleich, ob sie dem katholischen Glauben angehören oder nicht. Die hohen, oft gewaltig Respekt einflößenden Räume lassen den Menschen im Kontext kleiner scheinen. Dazu der Einsatz von Duftmarketing in Form von Weihrauch, dem CI-Duft der katholischen Kirche. Aus gewaltigen Orgeln tönt ein raumerfüllender Sound. Die oft bunten Fenster beeindruckten durch ihre dargestellten Geschichten schon lange vor Einführung des Farbfernsehens. Selbst bewegte Bilder am PoS sind ein alter Hut. Ein weiteres Beispiel ist die Maria-de-Victoria-Kirche (die auch Asamkirche genannt wird) in der Innenstadt von Ingolstadt. Das Highlight ist das 500 Quadratmeter umfassende Deckengemälde, in dessen Zentrum die Menschwerdung Gottes dargestellt wird.

Bei der Betrachtung fällt besonders ein schwarzer Bogenschütze in diesem Gemälde auf. Er scheint immer auf den Betrachter zu zielen, egal wo man sich im Raum auch befindet. So entsteht der Eindruck, dass er sich bewegen würde. Das ist ein gutes, praktisches Beispiel für eine Anwendung von neuromerchandising®, das seit fast 2000 Jahren sehr erfolgreich funktioniert.

**Wie kommt die Welt in meinen Kopf?**

Diese Frage kann nicht so einfach beantwortet werden. Wird diese Frage gestellt, stellt man fest, dass Wissenschaftler, die sich mit Gehirnforschung befassen, mit ihren Äußerungen zurückhaltend sind.
„Nach welchen Regeln das Gehirn arbeitet; wie es die Welt so abbildet, dass unmittelbare Wahrnehmung und frühere Erfahrung miteinander verschmelzen; wie das innere Tun als 'seine Tätigkeit' erlebt wird und wie es zukünftige Aktionen plant – all dies verstehen wir nach wie vor nicht einmal in Ansätzen. In dieser Hinsicht befinden wir uns gewissermaßen noch auf dem Stand von Jägern und Sammlern." (Aus: „Das Manifest. Elf führende Neurowissenschaftler über Gegenwart und Zukunft der Hirnforschung" in: Gehirn und Geist 3,2004)
Hier einige Zahlen zum handelsüblichen Gehirn: Zahl der Gehirnzellen (Neuronen): ca. 100 Milliarden Neuronen (davon alleine in der Großhirnrinde: etwa ¾ aller Neuronen) mit jeweils etwa 1000 bis 10.000 Synapsen – also: rund 100 Billionen Verknüpfungsmöglichkeiten; Dazu Gliazellen (Faserverbindungen zwischen den Neuronen; Stütz-, Versorgungs-, Unterstützungsfunktionen - wahrscheinlich in 10facher Zahl)
Das Gehirn arbeitet nach dem "starken Prinzip der kleinen Zahl" in jeweils funktionaler Nähe (Ernst Pöppel). Keines der unglaublich vielen Neuronen ist weiter als maximal vier Umschaltstationen von jeder anderen Nervenzelle im Gehirn entfernt. Oft wird die Funktion des Gehirns mit dem Stand der technischen Wissenschaft erklärt. Als Mitte des 19. Jahrhunderts solche Wissenschaftler wie Helmholtz, Matteucci, Dubois-Reymond feststellten, dass Strom in den menschlichen Nerven fließt, verglich man die Datenübermittlung mit der

Datenübertragung eines mit einem modernen Computer. Das ist genauso falsch wie der Vergleich mit einem Telegrafen.

Der Aufbau des Gehirnes beruht auf parallelen Verschaltungen, die des Computers auf seriellen Verschaltungen. Durch die schier unglaubliche Zahl von Verknüpfungsmöglichkeiten und parallelen Verschaltungsebenen ist das menschliche Gehirn extrem leistungsfähig. Im Vergleich zum Computer ist das Gehirn durch seine langsame Leitung eine „lahme Krücke", liegt die Leitungsgeschwindigkeit eines Computers nahezu bei Lichtgeschwindigkeit, das heißt 300.000 km/sec, schafft das Gehirn gerade mal 1-100 m/sec. Dafür benötigt es nur 15-20 Watt der Computer bis zu tausend Watt.

Stellen sie sich einmal die Frage, woher der Strom in ihrem Körper kommt? Wo ist die Batterie oder der Stecker? Spannend wird es bei der Speicherkapazität, die bei einem Computer sehr hoch sein kann, aber begrenzt ist.

Beim Gehirn wird davon ausgegangen, dass die Speicherkapazität unbegrenzt ist, denn das Gehirn ist keine Festplatte. Es speichert Informationen nicht objektiv 1:1, sondern es vernetzt neue und bereits vorhandene Inhalte immer wieder neu – und zwar subjektiv-qualitativ bewertend nach Erfahrungen, Werten, Sinn, Relevanz, emotionaler Bedeutung u.a. Im Gegensatz zu einem Computer verknüpft das Gehirn Wahrnehmung, Gedächtnis und Emotionen untrennbar miteinander. Im Gehirn interagieren mehrere Gedächtnissysteme. Daraus ergibt sich die Konsequenz, will man es mit Immanuel Kants Erkenntnistheorie sagen: Je emotional bedeutsamer ein Ereignis war, desto mehr gilt: Wir erinnern uns an ein Geschehen nicht so, wie es wirklich gewesen ist, sondern so, wie wir sind! Im Gegensatz zum Computer, der

nicht benutzt werden muss, um seine Leistungsfähigkeit zu erhalten, muss ein Gehirn genutzt werden, und wird durch Gebrauch nicht etwa ‚abgenutzt', sondern leistungsfähiger.
Die meisten Computer sind untereinander nahezu identisch. Jedes einzelne Gehirn dagegen ist ein Unikat – auch die Gehirne eineiiger Zwillinge sind selbstverständlich Unikate! Das Gehirn selbst hat keinen direkten Kontakt zur Umwelt, und für das Gehirn ist der Körper, der es beheimatet, selbst schon Außenwelt. Grundsätzlich haben die unterschiedlichen Nervenzellen dieselbe Funktion. Erregungen werden eingeordnet, verarbeitet und weitergeleitet oder nicht. Damit diese Erregungen in den Nervenzellen entstehen, müssen mechanische, elektromagnetische, chemische und andere Reize durch Sinnesrezeptoren in neuroelektrische oder neurochemische Signale umgewandelt werden. Auch in diesem Zusammenhang gilt: Das „Lernen mit allen Sinnen" ist auch evolutionsbiologisch notwendig, damit möglichst viele Sinnesreize verarbeitet werden und möglichst viele Kanäle, Seitenwege und Trampelpfade gebahnt werden können. Modalitäten und Qualitäten von Sinnesreizen werden durch den Ort ihrer Verarbeitung im Gehirn festgelegt – unabhängig davon, woher die Erregung stammt. Herkunft und Bedeutung der eintreffenden Erregungen erschließt das Gehirn auf der Basis komplizierter angeborener und erworbener Fähigkeiten.
Damit ein Reiz überhaupt als bedeutungstragendes Zeichen erkannt werden kann, muss das Gehirn entsprechend disponiert sein: Bedeutungen können nicht unmittelbar aufgenommen oder übertragen werden, sondern werden von jedem Gehirn individuell erzeugt und existieren nur innerhalb kompliziert interagierender Systeme. Die Wahrnehmung der Umwelt ist kein vollständig durch sensorische Reize

bestimmter, nur in eine Richtung gehender, Prozess, sondern wird stark durch Reize unabhängiger Zustände des Gehirns beeinflusst.

So spielen etwa Aufmerksamkeitsprozesse, Erwartungen oder vergangene Erfahrungen eine zentrale Rolle bei der Verarbeitung sensorischer Information.

Das, was ich wahrnehme, ist also ein Ergebnis aus einem sehr komplexen Ablauf, in dem alle Sinne zusammen Informationen an das Gehirn melden. Diese werden mit Erfahrungen und Gefühlszuständen verbunden, aus dem das Gehirn eine Hypothese erstellt, die wir „Wirklichkeit" nennen. Der größte Teil dessen, was heute im Handel versucht wird, beruht auf so genannte Einheiten des bewussten Erlebens. Eine Rose wird oft benutzt, um Kontextabhängigkeit zu erklären. Ich möchte sie hier auch als Beispiel für Wahrnehmung benutzen: Ihre Farbe, ihr Geruch, das Aussehen der Blütenblätter – all diese Eindrücke werden nicht isoliert, sondern als untrennbares Ganzes, eben als Objekt "Rose" wahrgenommen. Andererseits ist bekannt, dass die "Endverarbeitung" der Sinnesmodalitäten – Sehen, Hören, Riechen, Schmecken, Fühlen – in jeweils unterschiedlichen Gehirnzentren abläuft. Die Eindrücke der Sinne finden auch weitgehend isoliert statt. Was die Frage aufwirft: Was führt die getrennten Eindrücke wieder zusammen, so dass aus Farbe, Geruch und Aussehen der Blütenblätter wieder eine ganze Rose wird? Was im Gehirn bewirkt die offensichtliche Einheit des Bewusstseins?

Crick vermutete, dass die Lösung dieses Problems mit einer unscheinbaren Hirnstruktur zusammenhängt, die Claustrum genannt wird. "Eine dünne Schicht grauer Substanz in der äußeren Markkapsel des Linsenkerns; Bedeutung unbekannt", lautet ein typischer Lexikon-Eintrag über das Claustrum. Es steht fest, dass die Mehrheit der Information unbewusst verarbeitet wird. Das Gehirn bildet die Außenwelt nicht einfach ab, wie das ein Fotoapparat oder ein Tonbandgerät tut. Es interpretiert die Signale von außen und setzt daraus eine ganz persönliche Welt zusammen. Aus den Signalen der Außenwelt wird eine Innenwelt geschaffen, und sehr oft haben beide Dinge nur wenig miteinander zu tun. Unsere Nervenzellen erschaffen nicht nur ein Abbild, sondern bewerten es auch. So kann das Bild einer roten Rose unwillkürlich den Duft der Blume in uns aufsteigen lassen, vielleicht auch die zärtliche Erinnerung an eine große Liebe. All das geschieht, ohne dass davon etwas in unser Bewusstsein dringt. Der amerikanische Neurophysiologe Benjamin Liebet fand heraus, dass das Bewusstsein etwa eine halbe Sekunde hinter den Aktivitäten des Gehirns hinterherhinkt. Wenn unser Bewusstsein glaubt, eine Entscheidung zu fällen, hat unser Gehirn schon längst alle Informationen der Außenwelt analysiert, bewertet und sich zurechtgelegt, was es mit diesen Informationen anfangen will. All das, was wir davon nicht merken sollen, wird vom Gehirn herausgefiltert.

**Wer die Wahl hat**

Jeden Tag müssen wir sehr viele Entscheidungen treffen. Es fängt schon mit dem Aufstehen oder im Bett liegen bleiben an, ob ich zum Frühstück ein Käse- oder Salami-Brötchen esse, Kaffee oder Tee trinke. All diese Entscheidungen laufen in unserem Gehirn ab und zwar bevor wir dann letztlich handeln, und weil wir glauben, dass wir auch ein Käse-Brötchen essen können anstatt das Salami-Brötchen. Wir haben das Gefühl, frei in unseren Entscheidungen zu sein, sind es aber nicht. Wir tun nicht, was wir wollen, sondern wir wollen, was wir tun, sagt die Gehirnforschung. Das würde doch bedeuten, dass unser Gehirn autonom handelt und plant und unser Bewusstsein gerade noch so etwas wie ein giveaway ist, das man dazu erhält: Hübsch anzusehen, aber eigentlich nutzlos; Widerspricht das nicht all unseren subjektiven Erfahrungen? Wo bleibt da der freie Wille?
"Das Gefühl", antwortet Prof. Gerhard Roth, Gehirnforscher an der Uni Bremen und Rektor des Hanse-Wissenschaftskollegs auf solche Fragen, "dass ich als bewusst handelndes Subjekt, der Herr meiner Handlungen bin, ist eine Illusion. Das Gehirn hat entschieden, bevor ich das Gefühl habe, dass ich das will, was ich gleich tun werde."
Der Neurophysiologe Hans H. Kornhuber und sein Mitarbeiter Lüder Deecke machten schon 1965 eine erstaunliche Entdeckung. Sie wollten mit Hilfe einer EEG (Elektronenenzephalographie) den Zusammenhang zwischen willkürlichen Hand- und Fußbewegungen und den Wellenmustern im Gehirn erforschen. Dabei stießen sie auf ein seltsames Phänomen: Bewegte die Versuchsperson die Hand oder den Fuß, ließ sich an den Kurven des EEG bereits etwa eine

Sekunde vor der Handlung ein Wellenmuster nachweisen. Diese Art Vorwarnung nannten sie "Bereitschaftspotential". Eine Sekunde ist eine erstaunlich lange Zeit für das, was in dieser Zeit geschieht. Der Amerikaner Benjamin Libet, Neurophysiologe an der University of California in San Francisco, bekam die Ergebnisse aus Deutschland und beschäftigte sich lange damit, „wie diese knappe Sekunde vom Bewusstsein wahrgenommen wird." Oder anders ausgedrückt: Wie viel Zeit vergeht zwischen der bewussten Entscheidung des Gehirns und der eigentlichen Handlung. Ganz sicher keine Sekunde. Wenn man die Hand ausstreckt, bewusst die Hand bewegt, um eine Packung Zwieback zu ergreifen, dann wartet man nicht so lange. Wäre es so, würden wir uns im Zeitlupentempo durch die Welt bewegen. Die einzige Erklärung war, dass das Bereitschafts-potential für eine Handlung im Gehirn bereits eingesetzt hat, bevor wir uns bewusst zu einer Handlung entschließen.

Ein beunruhigender Gedanke, denn zu Ende gedacht würde er in Frage stellen, dass wir Herr unserer Sinne und unserer Handlungen sind; Dass der freie Wille, auf den wir so stolz sind, reine Makulatur ist. Libet führte im Jahre 1979 mit fünf Studenten Testreihen durch, um seine Gedanken in einem wissenschaftlichen Experiment zu überprüfen. Er forderte seine Versuchspersonen auf, eine einfache Handbewegung vorzunehmen, wenn sie Lust darauf verspürten. Mit diversen Apparaten maß er dabei einerseits die elektrischen Aktivitäten in Hand und Gehirn, andererseits ermöglichte eine spezielle Uhr den Studenten, sich äußerst präzise den Zeitpunkt ihrer Entscheidung zu merken. Das Ergebnis: Unsere Handlungen setzen unbewusst ein. Das Bewusstsein, etwa den Finger krümmen zu wollen, setzte bei den Studenten fast eine halbe

Sekunde nach dem Moment ein, in dem das Gehirn bereits seine Vorbereitungen zur Handlung begonnen hatte. Die Schlussfolgerung: Nicht das Bewusstsein, sondern unbewusste Prozesse stehen am Anfang.

Verschiedene Wissenschaftler, auch solche, die Libets Messungen anzweifelten, wiederholten seine Versuche. Sie kamen alle zu denselben Ergebnissen. Trotzdem blieb eine gravierende Frage offen: Warum merken wir nichts von dieser Verzögerung? Warum glauben wir, dass Entschluss und Handlung unmittelbar aufeinander folgen? Auch dafür hatte Libet eine These parat. Bei Versuchen, die er mit Patienten (mit deren Einwilligung!) durchgeführt hatte, denen für eine Gehirnoperation die Schädeldecke geöffnet worden war, war er auf ein seltsames Phänomen gestoßen: Das Gehirn betrügt sich selbst. Es tut alles, um die Tatsache vor sich selbst zu verbergen, dass das Bewusstsein verzögert einsetzt, und projiziert das bewusste Erleben etwa eine halbe Sekunde zurück. Die Aufsehen erregenden Versuche von Benjamin Libet, so der Bremer Hirnforscher Roth, stimmen außerdem mit den Befunden überein, die Neurologen und Mediziner inzwischen auf anderen Gebieten der Hirnforschung gewonnen haben. Das Gefühl eines willentlichen Entschlusses ist also nicht die Ursache für eine Handlung, es ist eine Begleiterscheinung, die auftritt, nachdem das Gehirn seinen Entscheidungsprozess bereits begonnen hat. Die Entscheidungskriterien bezieht das Gehirn dabei, zumindest deuten alle bisherigen Untersuchungen darauf hin, aus dem sogenannten limbischen System. Es ist der Ort der unbewussten Erfahrungen und der Gefühle. Das Gehirn als System entscheidet also autonom, es braucht unseren freien Willen nicht.

"Das finden natürlich viele Leute schockierend", so Roth, "aber es ist auch gleichzeitig beruhigend: Der Entscheidung meines Gehirns geht nämlich ein großer Entscheidungsprozess voraus, unbewusst, der alle Erfahrungen, die ich seit dem Mutterleib gemacht habe, in Betracht zieht und bewertet." Im Lichte seiner gesamten Erfahrung wägt das Gehirn also blitzschnell ab, welche Handlungsalternative dem Organismus nützt und welche ihm schadet. "Wir tun nicht, was wir wollen", so Dr. Wolfgang Prinz, Direktor am Max-Planck-Institut für Psycho-logische Forschung in München, "sondern wir wollen, was wir tun!" Willensfreiheit, so sein Fazit, ist deshalb eine Illusion.

Hier scheiden sich aber – wie so oft in der Wissenschaft – die Geister. In einem Vortrag, im Wissenschaftszentrum NRW vom 17.11.2004, interpretierte Prof. Dr. Karl Zilles die Willensfreiheit anders.

1. Die Handlung im Libet-Experiment ist ethisch und emotional irrelevant, Handlungen auf der Basis von z.B. strafrechtlich relevanten Willensentscheidungen sind dagegen ethisch und emotional bedeutend. Dies bedeutet auch, dass beim Libet-Experiment möglicherweise andere Hirnmechanismen aktiviert werden als bei einer emotional relevanten

Entscheidung. Aktuelle Forschungsergebnisse unterstützen diese Kritik.
2. Wie determiniert (Determination lat. determinare: begrenzen, abgrenzen, bestimmen) der freie Wille wegen der zugrunde liegenden determinierten Hirnmechanismen ist, weiß gegenwärtig kein Neurowissenschaftler. Die unvorstellbare Komplexität des menschlichen Gehirns lässt auch keine seriöse Extrapolation (Extrapolation wird die Bestimmung eines Verhaltens über den gesicherten Bereich hinaus genannt), der sehr einfache bisher untersuchten Entscheidungsmodelle auf komplexe Entscheidungssituationen zu, da wir nur allgemeine Mechanismen, aber z.B. nicht die von der individuellen Lebensgeschichte des Subjekts abhängigen konkreten Vorstellungen von ethischen Normen neurowissenschaftlich untersuchen können. Die Entscheidung, warum ich letztlich zu Coca-Cola greife und nicht zu Pepsi, kann so nicht genau beantwortet werden. Eines scheint aber bei den meisten Wissenschaftler eindeutig zu sein. Alle Entscheidungen, die wir treffen, sind Entscheidungen die immer eine Mischung aus Vernunft und Emotion sind. Lange wurde geglaubt, dass dabei vor allem die Vernunft das entscheidende Element ist.

Aber das Gegenteil ist der Fall: Das letzte Wort hat immer den emotionalen Teil.
Wir können uns das Verhältnis von Verstand und Gefühlen an einem einfachen Beispiel klarmachen. Wenn wir uns ein Haus oder eine Wohnung kaufen wollen, machen wir uns erst einmal klar, ob wir überhaupt in der Lage sind, das Objekt bezahlen zu können, also das benötigte Geld aufzubringen.

Dazu benötigen wir in vielen Fällen eine Bank, die das Objekt finanziert. So muss entschieden werden, bei welcher Bank zu welchen Konditionen das benötigte Geld erhältlich ist. Die Dauer und die Art der Finanzierung benötigen unseren ganzen Verstand, um die ökonomischste Entscheidung zu treffen. Hierzu kommt eine Vielzahl anderer Entscheidungspunkte: In welcher Gegend ist mein neues Zuhause? Was für Nachbarn habe ich? Wo ist der nächste Kindergarten, die nächste Schule, und welche Kinder gehen in diese Schule? Ist in der nähe meines Hauses ein Atom-kraftwerk oder eine stinkende Kläranlage – all das sind wichtige Elemente, die meine Entscheidung wesentlich beeinflussen, aber rein auf der emotionalen Ebene ablaufen. Der Hirnforscher Prof. Dr. Gerhard Roth kommt zu dem Schluss, dass Gefühle den Verstand eher beherrschen als der Verstand die Gefühle.»Je größer die Bedeutung des anstehenden Problems und der zu erwartenden Konse-quenzen ist, desto wahrscheinlicher wird das emotionale System gewinnen.

Vernunft und Verstand allein entscheiden nichts. Das muss natürlich eine Beleidigung unseres bewussten Ichs darstellen. Dieses Ich erlebt sich bekanntlich sowohl als Quelle unserer Wünsche, Gedanken, Vorstellungen und Handlungspläne als auch als Verursacher des Handelns, soweit es um Handlungen geht, bei denen wir entsprechend das Gefühl haben, wir seien es, die dies gewollt und schließlich auch veranlasst haben. Grundlage der Beeinflussung des Bewusstseins durch das Unbewusste im Bereich der Gefühle, Wünsche und Vorstellungen, ist ein System von Faserbahnen im Gehirn, die - über ein kompliziertes Geflecht - auf das unbewusst arbeitende limbische Zentrum Einfluss nehmen und zwar in Form des Auftauchens positiver und negativer Gefühle,

Gedanken, Assoziationen und Ziele und der Stärke des Wunsches, diese zu verwirklichen. Das genannte limbische Zentrum wird beeinflusst von Teilen des Gehirns, in denen das emotionale Erfahrungsgedächtnis und die Aufmerksamkeitssteuerung liegt, was den genannten Zuständen die kognitiven Details und den Kontext "hinzuliefert". Unsere Wünsche werden selbst-verständlich – und hier kommen wir zu unseren Sinnen – auch durch Reize aus der Umwelt beeinflusst, indem wir Vorgänge oder Dinge sehen, riechen, fühlen oder hören, etc. Aber diese müssen auf eine günstige interne Motivationslage treffen, um ein echter Handlungsantrieb zu werden. Einige Begebenheiten lassen den einen völlig kalt, während sie auf andere äußerst stimulierend wirken. Dieser Sachverhalt wird durch das individuelle emotionale Erfahrungsgedächtnis bestimmt.

**Kaufentscheidungen am POS**

Wenn man nun davon ausgeht, dass Entscheidungen stark von unseren Emotionen beeinflusst werden, ist es klar, dass auch Kaufentscheidungen diesem System unterliegen. Dass die Mehrheit der Kaufentscheidungen am PoS fallen, ist mittlerweile nicht mehr umstritten. Handel und Dienstleister sind mehr und mehr gezwungen, die zunehmend emo-tionale Werbung ihrer Produkte und Leistungen in den Raum zu bringen, in dem der Kunde auf  sie trifft. Das gilt im übrigen auch für das Internet, denn E-Shop ist nicht gleich I-Shop, und was für den Verkaufsraum gilt, gilt auch für den Verkaufsraum Internet. Dazu kommt, dass mehr denn je dieser Raum einen großen Einfluss hat, ob ich ihn ein zweites Mal aufsuche oder nicht; Das heißt dieser Raum ist sehr für meine Kundenbindung verantwortlich. Ein reines Vorhalten von Ware reicht einfach nicht mehr, so wenig reicht es, alle Dienstleistungen durch einen Automaten oder das Internet erledigen zu lassen.

In der Werbung werden nicht nur Erwartungen an ein Produkt oder eine Dienstleistung geweckt, sondern auch an das Ambiente, in dem der Verkauf stattfindet. Verkaufsräume aller Art sollten an die Zielgruppe der Käufer sehr genau angepasst werden.

Viele Menschen im Handel, namentlich im Marketing, haben sehr gehofft, dass Neuromarketing ein Hype ist, der wie viele andere Theorien kommt und wieder verschwindet. Das wird aber mit Sicherheit nicht geschehen, denn die Wissenschaft, die sich in diesem Bereich gebildet hat, ist umgreifender und verändert auch Grundsätze der Marktforschung.

Die meisten Kaufentscheidungen fallen am PoS. Das macht den PoS ja so interessant, für jeden der etwas handeln möchte. So ist es zwangsläufig, dass der PoS wesentlich dazu beiträgt, wie meine Produkte und Leistungen, oder was immer ich handeln möchte, am PoS oder – um es vielleicht genauer zu sagen - am Point of Trade (Handel) auftreten. Wenn man sich den Handel genauer betrachtet und sich die Frage stellt, welche der Artikel und Dienstleistungen ich wirklich zum Leben brauche, muss man feststellen, dass, wenn nur die Dinge gehandelt würden die ich wirklich brauche, unsere Welt recht einfach und übersichtlich wäre. Etwas zu trinken und zu essen, einen sicheren Ort zum Schlafen und einen Partner, mit dem ich für Erhaltung der Art sorge. Wir wissen alle, dass die Welt nicht so ist; In einer Gesellschaft, in der Konsumfreiheit herrscht, kann jeder für sich entscheiden, was er braucht und was er will. Hierbei wird oft aus dem, was man will, in der Erklärung ein „Brauch ich" gemacht. Erklären Sie einmal ihrer Frau, dass sie eigentlich im Jahr nicht mehr als zwei Paar Schuhe wirklich braucht, in den weitaus meisten Fällen werden Sie als Mann hier eine Lektion erteilt bekommen, was man wo und warum an Schuhen so braucht. Aber beim Mann ist das nicht anders. Die Produkte ändern sich nur. Erklären Sie dem Mann, dass es völlig ausreicht, einen Schraubenzieher zu haben oder einen Bohrer, dass es völlig ausreicht, sich mit 25 PS im Auto von A nach B zu bewegen. Ebenso schwer vorstellbar.

Dass es einen Homo Oeconomicus, in der Form, dass alle Kaufentscheidungen rein rational getroffen werden, nicht gibt, ist aber nicht eine Tatsache aus unserer neuen Konsumwelt, sondern sehr viel älter. Forscher um Christopher Henshilwood von der norwegischen Universität Bergen haben in einer Höhle an der südafrikanischen Küste des Indischen Ozeans Schneckenhäuser gefunden und anhand der Verarbeitung darauf geschlossen, dass es sich wahrscheinlich um den ältesten Schmuck der Menschheit handelt. Anscheinend haben die Menschen, bereits vor rund 75.000 Jahren ihre Vorliebe für Schmuck entdeckt. Nun wurde nicht danach geforscht, was dieser Schmuck wert war, sondern mehr, wann die Menschen die Kunst entdeckten. Für mich stellt sich aber die Frage aus Sicht des Händlers. Wer brauchte vor ca. 75.000 Jahren schon Schmuck? Für mich ein Zeichen dafür, dass sich schon sehr früh die Frage von „Brauch ich" zum „Will ich" entwickelt hat.

In den Neurowissenschaften gibt es erste Ansätze, die Verknüpfungen im Gehirn finden, die eine wichtige Rolle bei Kaufentscheidungen spielen. Dr. Dr. Manfred Spitzer, Direktor der psychiatrischen Uniklinik in Ulm, einer der renommiertesten Hirnforscher in Deutschland, stellt die Frage, ob es Einkaufszentren im Gehirn gibt? In seinem Buch „Liebesbriefe und Einkaufszentren" schreibt er: „Der Grundgedanke ist ganz einfach: Ebenso wie bestimmte Strukturen und Prozesse im Gehirn dafür sorgen, dass wir sprechen und gesprochene Sprache ohne Probleme verstehen, könnte es auch Strukturen und Prozesse im Gehirn geben, die für das Einkaufen zuständig sind". Oder anders: So wie seit den Zeiten von Paul Broca und Carl Wernicke die Sprachzentren in der Neurowissenschaft thematisiert werden, könnte es auch Einkaufszentren geben. Dieser Gedanke scheint zunächst abwegig, denn wenn jemand die Gehirnaktivität beim Betrachten von Dinosauriern mit der Gehirnaktivität beim Betrachten von anderen Tieren vergleicht, und irgendetwas findet, muss das noch lange nicht heißen, dass er das Dinosaurierzentrum im Gehirn gefunden hat, worauf zu Zeiten der Anfange der funktionellen Magnetresonanztomografie (tMRT) bereits Cohen hingewiesen hat. Andererseits ist Einkaufen nichts beliebig Unbedeutendes, vielmehr handelt es sich dabei um einen für das Wirtschaften sehr grundlegenden Prozess: Man tauscht Ware gegen Ware bzw. Ware gegen Geld und hofft dabei, nicht übers Ohr gehauen zu werden.

Spitzer bezieht sich auf eine Studie um den Neurobiologen Brian Knutson von der kalifornischen Stanford University, bei der man Kaufentscheidungen unter einem Computertomografen untersucht hat. Hierbei stellte er fest, dass annähernd immer die gleichen Regionen im Gehirn angesprochen werden. Dennoch muss man vorsichtig damit sein, diese Hirnregionen nun als Einkaufszentren zu bezeichnen; Eine Entscheidung unter Laborbedienungen ist sicher anders als im wirklichen Leben. Auch hat man bei der Untersuchung beliebige Produkte benutzt. Das könnte sich - laut der Wissenschaftler - ändern, wenn es sich um bestimmte Produkte handelt. Kaufentscheidungen sind, wie alle Entscheidungen, die ein Mensch trifft, eng mit Emotionen verbunden, da sind sich die Wissenschaftler einig.

**Sinne und Gedächtnis**

Kaum noch überschaubare Produktvielfalt, exorbitant hohe Flop-Quoten, Verkürzung der Produktlebenszyklen, Reizüberflutung – das sind nur einige Stichworte zur Situation auf den entwickelten Konsumgütermärkten. Hinzu kommen die bekannten Interessenkonflikte zwischen Markenartikelindustrie und Handel, welche nur allzu oft in der - auf beiden Seiten der Wertschöpfung vernichtenden - Niedrigpreispolitik mündet.

Die Markenartikelindustrie scheitert mit ihren Positionierungskonzeptionen häufig an der unzureichenden ganzheitlichen Umsetzung, der auf Basis von ausführlicher Primärforschung entwickelten Ansätze in der entscheidenden Stufe der Umsetzung, dem Regal im Handel, dort wo mehrheitlich die Kaufentscheidungen für Konsumgüter getroffen werden. Dies gilt nicht zuletzt vor dem seit langem bekannten Phänomen, dass bei abnehmender Markentreue Anlässe und Motive unsere Kaufentscheidungen bestimmen.

Glücklicherweise setzt sich auch auf der Handelsseite zusehends die Erkenntnis durch, dass eine Profilierung gegenüber dem Wettbewerb nicht nur über die Ansprache der „Geiz ist geil" Mentalität erreichen lässt, sondern vor allem durch eine bessere Leistungsorientierung, die sich nicht nur in der Sortimentsbreite und -tiefe, sondern auch und insbesondere in einer emotional ansprechenden Präsentation der Produkte mit überdurchschnittlich guten Services, u.a. motiviertem Verkaufspersonal ausdrückt.

Weiterhin wissen wir aus den Erkenntnissen über Wissensverarbeitung und Speicherung, dass die Ansprache möglichst vieler Sinnesmodalitäten die Chance, einen bevorzugten Platz im Gedächtnis unseres Kunden zu erlangen, signifikant erhöht.

Das sensorische Gedächtnis hält die empfangenen Reize für eine kurze Zeit zur Verfügung. Es erfolgt eine Kategorisierung bzw. Ordnung der Reize und in diesem Zusammenhang eine erste Mustererkennung durch die Sinnesmodalitäten. Jeder Sinnesmodalität steht ein eigener Speicherplatz zur Verfügung. Im Marketing finden insbesondere der visuelle Speicher (Farben, Strukturen) und der auditive Speicher (Hören von Tönen, Lautstärke) Beachtung. Der sensorische Speicher kann eine sehr hohe Informationsquantität bewältigen. Die Speicherzeit beträgt allerdings nur eine Sekunde.

Vom sensorischen Gedächtnis gelangt das Gedächtnismaterial in das Kurzzeitgedächtnis. Das Fassungsvermögen dieses Speichers ist – unabhängig von Zahlen oder Buchstaben – sehr begrenzt (ca. 7 Objekte). Die Speicherdauer ist mit ca. 15 Sekunden ebenfalls sehr limitiert. Die aus dem sensorischen Gedächtnis übernommenen Informationen werden entschlüsselt und in kognitiv verfügbare Informationen umgesetzt sowie zu anderen Informationen in Beziehung gesetzt. Erst danach liegt eine gedanklich verarbeitbare Information vor. Wird die erhaltene Information nicht memoriert, geht sie – anstatt ins Langzeitgedächtnis – verloren. Um den Verlust einer Information zu vermeiden, kann man Wiederholungen vornehmen (z.B. Werbespot am Anfang und Ende eines Werbeblocks) oder das vorhandene Material anreichern. Eine Möglichkeit, Informationen einfacher in das Langzeitgedächtnis zu befördern, ist das Ansprechen mehrerer Sinnesorgane (Mehrfachcodierung). Bedingung hierfür ist allerdings die Übereinstimmung der Informationen.

Das Langzeitgedächtnis ist durch eine vermeintlich unbegrenzte Speicherkapazität und eine unbegrenzte Speicherzeit gekennzeichnet. Es ist in der Lage, Aufzeichnungen vergangener Ereignisse oder Gedanken wieder zu erkennen bzw. zu aktivieren. Dies ist im übrigen die Grundlage für die Wirkungsweise der evaluativen Konditionierung i.S. der Aktivierung von Erlebnissen und deren Zuordnung zu Positionierungsinhalten. Ferner kann dieser Speicher bei der Bearbeitung von neuem Material auf gespeichertes Material zurückgreifen. Grundlage hierfür bilden die zahlreichen Beziehungen zwischen den aufgenommen Informationen (semantischer und episodischer Art). Wörter und Konzepte werden gemäß ihrer Bedeutung endkodiert und können dadurch mit einer Vielzahl von gespeicherten Items verbunden werden. Angesichts all dieser Möglichkeiten versetzt uns das Langzeitgedächtnis in die Lage, neue Probleme einer Lösung zuzuführen und die eigene Kreativität zu fördern. Eine weitere zentrale Grundlage für eine erfolgreiche Konsumentenansprache stellen die Erkenntnisse der multimodalen Gedächtnistheorie dar.

Danach existieren mehrere Teilsysteme, welche für die Speicherung unterschiedlicher Reize verantwortlich sind. Diese können in verbale und nonverbale Systeme unterteilt werden. Hinsichtlich der Verarbeitung und Speicherung von Reizen unterscheidet man sinnesspezifische Informationssysteme (visuell, auditiv, haptisch, olfaktorisch, gustatorisch) und motorische Informationssysteme (z.B. Handeln). Engelkamp vermutet neben den erwähnten modalitätsspezifischen Subsystemen ein modalitätsunspezifisches, semantisch-begriffliches Gedächtnissystem, das eine Koordinationsfunktion übernimmt. Als übergeordnetes System vermittelt dieses die Reize zwischen dem verbalen und nonverbalen System.

Eine weitere Annahme ist, dass zwischen den einzelnen verbalen und nonverbalen Systemen Verbindungen bestehen. Anders ausgedrückt; Das Koordinationssystem wird übergangen. Grundsätzlich wird von einer unabhängigen Arbeitsweise der Teilsysteme ausgegangen. Ein funktionierendes Koordinatensystem bedingt, dass für die Verarbeitung und Speicherung von Reizen teilweise auf Informationen der modalitätsspezifischen Systeme zurückgegriffen wird. Welche Bedeutung ein bestimmtes Objekt (z.B. Marke) und ein bestimmtes Ereignis (z.B. Erlebnispositionierung) für den Informationsempfänger hat, hängt maßgeblich von der sinnesmodalitätsspezifischen Qualität ab. Je prägnanter und gezielter demnach Reize den Empfänger erreichen, desto gezielter ist ihm ein Erinnern möglich. Wesentlich für die Erinnerungsleistung ist es, einen Bezug zu der jeweiligen Aktivität (thematische Integration) zu haben. Bei der Integration müssen die Reize in den verschiedenen Umsetzungsbereichen die Positionierungsinhalte abbilden und damit intrakongruent sein (z.B. Name, Farbe, Design, Duft). Eine weitere Anforderung besteht darin, dass die Umsetzung der Reize untereinander stimmig und damit interkongruent ist (z.B. Stimmigkeit Musik zum visuellen Auftritt bei TV-Spots).

Der Nutzen der Mehrfachcodierung wird durch die Arbeit mit neuromerchandising® unterstützt. neuromerchandising® beschränkt sich dabei aber nicht nur auf die Bild gebenden Verfahren, sondern versucht vielmehr, die daraus gewonnenen Erkenntnisse für die Marketingpraxis nutzbar zu machen. So können Aufschlüsse darüber erzielt werden, was den Konsumenten emotional (z.B. Anzeigenmotive, Verpackungen, PoS-Gestaltungen) am besten anspricht. Bestätigt wird weiterhin, dass Emotionen einen erheblichen Einfluss auf die Präferenzen und Kaufentscheidungen der Konsumenten haben. Emotionen fördern die kognitive Verarbeitung und beeinflussen die Leistungsfähigkeit, was wiederum eine höhere Informationsaufnahme, schnellere Verarbeitung und Speicherung zur Folge hat. Die Erreichung emotionaler Konsumerlebnisse (Erlebniseinkauf) wird durch neuromerchandising® nachhaltig gefördert. Daraus wiederum resultiert, dass die Erinnerungsfunktion und Abrufbarkeit aus dem Gedächtnis unterstützt und die Präferenzbildung gestärkt werden.

**Teil 2
Wahrnehmung am POS**

*Wir lernen heute von vielen guten Einzelhändlern, dass Atmosphäre wirkt. Ein gutes Einkaufsklima ist immer eine Mischung aus vielen Elementen: das richtige Konzept, die Ansprache seitens der Mitarbeiter, die Wahrnehmung, die von allen Sinnen gespeist wird, der Kontext: die Geschichte muss stimmig und glaubwürdig sein.*

© *Bert. M. Ohnemüller*

**Mit allen Sinnen handeln**

Dass die Mehrheit der Kaufentscheidungen am PoS fallen, ist mittlerweile nicht mehr umstritten. Der Einzelhandel ist mehr und mehr gezwungen, die zunehmend emotionale Werbung der Markenindustrie in seinen Verkaufsräumen widerzuspiegeln. In der Werbung werden nicht nur Erwartungen an ein Produkt geweckt, sondern auch an das Ambiente, in dem ich es kaufe. Die großen Modemarken haben dieses schon lang erkannt und ihre Verkaufsräume so gestaltet. Hier werden Verkaufsräume an die Zielgruppe der Käufer sehr genau angepasst. Diese Entwicklung hat jetzt in allen Bereichen des Handels eingesetzt. Hier gehe ich mit Projekten noch einen Schritt weiter, in dem ich alle Sinne der Menschen in die Gestaltung der Verkaufsräume einbeziehe.

Wenn ich von allen Sinnen spreche, gibt es in der Wissenschaft keine absolut eindeutige Definition der Sinne. Als ordentlicher Kaufmann mache ich also erst einmal eine „Inventur" der Sinne nach meiner Vorstellung.

Zu dieser Inventur gehört:

1 Sehsinn
2 Gehörsinn
3 Tastsinn
4 Geruchssinn
5 Geschmackssinn
6 Gleichgewichtssinn
7 Druck- und Berührungssinn
8 Temperatursinn
9 Schmerzsinn
10 Denken

Neurowissenschaftler unterscheiden sechs Sinne der Säugetiere: Sehen, Hören, Gleichgewicht, Fühlen, Schmecken und Riechen. Ganz eindeutig ist diese Aufzählung aber bei näherer Betrachtung nicht. Der Tastsinn besteht aus drei verschiedenen Sinnen: dem Wärmesinn, dem Drucksinn und dem "Schärfesinn" (zum Erkennen von spitzen Gegenständen). Dafür sind auch verschiedene Nerventypen in unserer Haut zuständig.

Neben dem Hörsinn befindet sich im Innenohr auch der Gleichgewichtssinn.

Der Gesichtssinn (Sehen) teilt sich in zwei unterschiedliche Sinne: Helligkeitssinn (vermittelt von den Stäbchenzellen der Retina) und Farbsinn (vermittelt von den Flaschenzellen). Bei ausreichendem Licht benutzen wir den Farbsinn, bei knappem Licht den viel empfindlicheren Helligkeitssinn. Hunger und Durst sind eigene Sinneswahrnehmungen, die wir als "Zuckersinn" bezeichnen können. Hunger wird vom Zuckersinn ausgelöst. Wir messen ständig unseren eigenen Blutzuckergehalt und fühlen Hunger, sobald der einen bestimmten Wert unterschreitet. Wir haben noch einen Körpersinn, der uns erlaubt, ohne hinzusehen, jederzeit die Lage unserer Gliedmaßen festzustellen.

Das, was wir als "siebten Sinn" bezeichnen, ist die Intuition die es uns erlaubt, fehlende Sinneseindrücke sinnvoll zu ergänzen, so dass das Gesamtbild uns stimmig erscheint. Fehlende oder unvollständige Information, die wir nicht gespürt haben, wird durch unser Denken automatisch ergänzt. Bei einigen kann sich sogar der Eindruck ergeben, sie hätten diese Information durch ihre Sinne aufgenommen. Tatsächlich ist sie jedoch synthetisch, das bedeutet: nur in unserem Kopf vorhanden. Es kommt hin und wieder durchaus vor, dass unsere Intuition geirrt hat und die Information nicht korrekt ergänzt hat.

Diese Sinne haben entscheidenden Einfluss auf die Entscheidungen von Kunden. Das hört sich einfacher an als es ist, denn dieser Prozess ist sehr kompliziert und letztlich auch bei jedem Menschen einmalig. Weil das so ist, gibt es keine einfache Lösung, keine Blaupause, die ich einfach anlege und schon weiß, was mein Kunde möchte. Viele Menschen im Handel suchen nach wie vor die global funktionierende Strategie, und einige glauben sie gefunden zu haben. Entscheidungen bleiben immer sehr subjektiv, aber es hat sich herausgestellt, dass es eine Menge Verhaltensweisen bei Menschen gibt, die überall auf diesem Planeten gleich sind, oft sind diese Verhaltensweisen archaisch – das bedeutet, dass sie aus der Urgeschichte der Menschheit stammen. Diese urgeschichtlichen Eigenschaften haben auch in der heutigen modernen Welt einen überragenden Einfluss auf unser Verhalten.

Wie müssen die einzelnen Sinneswahrnehmungen bewertet werden, wenn wir sie aus Sicht des Kunden an den unterschiedlichen Orten des PoS betrachten? Eines muss einem klar sein, und es leuchtet auch fast jedem ein: Die Bedeutung der unterschiedlichen Sinneswahrnehmungen ist in großem Maße davon abhängig, was ich, wo und an welchen Kunden verkaufen möchte: Eine Bankfiliale muss einen anderen Schwerpunkt auf die Sinneswahrnehmung ihrer Kunden legen als ein Lebensmittelgeschäft oder ein Baumarkt. Aber entscheidend ist, dass man letztlich wieder zwingend alle Sinne berücksichtigen muss. Ich nenne es Handel(n) mit allen Sinnen.

**Ich sehe was, was du nicht siehst**

*Wir sehen die Dinge nicht, wie sie sind, wir sehen sie, wie wir sind.*

Wenn wir den PoS einschätzen wollen, konzentrieren wir uns sehr auf das Sehen. Das Auge liefert einen großen Teil der Informationen, mit der wir die Welt wahrnehmen.
Mit ihnen orientieren wir uns in der Welt und nehmen Kontakt zu unseren Mitmenschen auf. Am Anfang ist meisten der Blick. Die ersten Augen, die darauf beschränkt waren auszumachen wo die Sonne scheint und wo nicht, besaßen, so vermutet man, Einzeller. Sie waren auf Fotosynthese angewiesen, und die Information, woher die Sonne scheint, war lebenswichtig. Während der so genannten „Kambrischen Explosion" vor etwa 540 Millionen Jahren lebten gepanzerte Gliedertierchen, die zu den Trilobiten gehörten, denen man die ersten paläontologisch nachweisbaren Augen zuschreibt. Die Augen waren schon so komplex, dass davon ausgegangen wird, dass auch die Vorfahren sehen konnten. Mit dieser Entwicklung des Sehens setzte ein regelgerechtes Wettrüsten zwischen Jäger und Gejagten ein. Ein Organismus der sieht, ist blinden Artgenossen weit überlegen. Das Auge ermöglicht es, Beute oder Feinde schon von weitem zu erkennen.
Schätzungsweise vor 440 Millionen Jahren waren schon alle heute existierenden Augentypen entwickelt.
Bis zu unseren modernen Formen wurde nur noch verfeinert. Die griechischen Philosophen vor 2.500 Jahren nahmen an, Licht werde aus den Augen auf die Objekte geworfen. Nach dem 10. Jahrhundert wurden optische Bilder entdeckt, dann im 17. Jahrhundert entdeckte man Bilder im Auge. Doch Auge ist

nicht gleich Auge: Der Adler braucht bessere Augen als der Maulwurf. Das Sehorgan muss also dem Lebensraum des Besitzers angepasst sein. Erst einmal ist das Auge ein optisches Instrument: Bilder werden optisch, also mittels einer Linse, auf unsere Netzhaut projiziert. Dieses so empfangende Bild steht auf dem Kopf und ist seitenverkehrt. Die aufgenommenen optischen Eindrücke werden vom Sehnerv an das Gehirn weitergeleitet. Abbildung – Wahrnehmung – Auge.

Nach wie vor haben wir den Eindruck, dass wir mit unseren Augen in eine Welt hineinschauen wie eine Kamera – das entspricht aber nicht der Wirklichkeit. Die aufgenommen Signale werden, bevor sie uns eine Hypothese über die Welt liefern, von unserm Gehirn mit andern Sinneseindrücken verglichen, auf Plausibilität geprüft und vor allem mit unterschiedlichen Emotionen bewertet. So sehen wir letztlich, was wir fühlen und was wir vom Mutterleib an gelernt haben. In meinem Buch „Brainshopping" habe ich mich ausführlich mit dem Thema befasst.

Wenn ich am Ende von Handelskongressen mit Teilnehmern zusammensitze, werde ich oft gefragt, womit ich mich denn im Moment besonders befasse. Wenn ich dann sage, mit „Sehen", setzt eine gewisse Verwunderung ein. Warum sich um etwas Gedanken machen, was einfach erscheint? Augen auf – schon geht es los, da ist die Welt bunt mit Gegenständen und bewegten Bildern meistens scharf und deutlich zu erkennen. Hin und wieder bekomme ich auch als Antwort: Ich konnte als Kind schon schlecht sehen, aber dann habe ich eine Brille bekommen und seitdem ist wieder als klar.

Es ist nach wie vor sehr schwer zu erklären, dass Sehen eben nicht einfach eine Abbildung der Welt ist, sondern ein komplizierter Prozess, mit dem viele andere Sinne verknüpft sind und vor allem eine Menge Emotionen. Was ja bedeuten muss, dass ich die Welt anders sehe, wenn ich gut oder schlecht „drauf bin" – aber genau das ist der Fall. Wenn ich dann erzähle, dass Bauchhirn eine bedeutende Rolle bei Freud und Leid spielt, und somit auch der Darm Einfluss hat wie ich die Welt sehe, endet das Interesse, und man kehrt zurück zur Kameratheorie. Fakt ist: alle Ergebnisse deuten darauf hin, dass im Darmhirn „die Essenz der Depression verborgen liegt" und im Bauch „Stimmungen generiert werden". Während der Darmbewegungen werden Daten über das Nervensystem nach oben geleitet. So entstehen Unwohlsein oder Heiterkeit, Müdigkeit oder Vitalität, schlechte oder gute Laune. Auch die Haut hat Anteile am Sehen.

Moderne bildgebende Verfahren, wie die funktionelle Kernspintomographie, zeigen Wissenschaftlern zunehmend besser die Arbeitsweise des Sehsinns.

Noch weiß niemand genau, wie aus einem Seheindruck ein Erleben wird. Und was im Hirn geschieht, wenn die Wahrnehmung trügt (wie etwa bei Halluzinationen) oder warum Menschen, die von Geburt an blind sind, gleichwohl in Bildern träumen können.

Menschen mit gesundem Sehvermögen glauben, sich auf ihre Augen sozusagen blind verlassen zu können. Eine große Illusion. In rund 25 Prozent der wachen Zeit ist jeder – zumindest rechnerisch – blind:

Alle drei Sekunden erfolgt der Lidschlag, viermal pro Sekunde eine Augenbewegung.

In diesen Fehlzeiten verarbeitet das Auge keine Informationen.

In seinem New-York-Times-Essay „Was Blinde sehen" fragt der britische Neurologe Oliver Sacks, ob „Sehen" nicht weniger eine Frage des Augenlichts, sondern der kognitiven Ausrichtung, sowie des zerebralen Kortex' ist – jenes höchstgelegenen Hirnareals, das für die Sinne verantwortlich ist.

Hier möchte ich ein sehr anschauliches Beispiel geben, wie sehr das Sehen davon geprägt ist. So unterzog sich ein von Geburt an blinder Mann, Mitte 40, einer Hornhauttransplantation. Seine Wahrnehmung nach der Operation unterschied sich deutlich von der Wahrnehmung von Geburt an Sehender. Sein Fenster lag 15 Meter über der Erde und doch glaubte er, bei einem Blick hinaus, er könne den Boden mit den Füssen berühren, wenn er sich an seinen Händen hinunterlassen würde. Hatte er jedoch die Entfernung durchschritten, so konnte er sie auch mit dem bloßen Auge abschätzen. Er konnte seine Uhr lesen ohne darin unterwiesen worden zu sein, da er sie vorher ertastet hatte. Er konnte also frühere Tastwahrnehmungen auf das Sehen übertragen. So gibt es eine allgemeine Wissensbasis, die allen Sinnen zugänglich ist.
Er hatte also gelernt, wie man sieht, bevor er sehen konnte.
Den Augen vertraut der Mensch und fällt deshalb auch so leicht auf optische Täuschungen herein. In einem Shop sollte immer darauf geachtet werden, dass es nicht durch Hintergründe oder Lichteinfall zu diesen optischen Täuschungen kommt.

„Nachts sind alle Katzen grau" bedeutet im Shop, dass Lichtmenge und Art erheblichen Einfluss auf das Sehen hat, besonders natürliches und künstliches Licht müssen bei der emotionalen Betrachtung des Shops genau bewertet und gesteuert werden.

Das Erkennen von einzelnen Elementen und ihrer Bedeutung erfolgt durch den Vergleich mit bereits gespeicherten Erfahrungen (Szenen, verknüpft mit Körpergefühl, Emotionen, Geruch, Geräusche und vieles andere mehr).

Das menschliche Gehirn sucht ständig nach Merkmalen, Ordnungen und Kategorien, um Reize wiederzuerkennen und einordnen zu können. Bei der Bewertung dieser Reize ist immer auch der Zusammenhang ausschlaggebend, denn Objekte werden immer auch im Kontext mit ihrer Umgebung wahrgenommen.

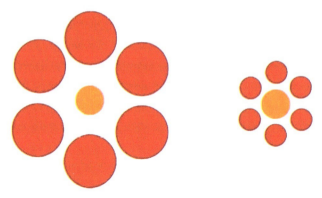

Der rechte orangene Ball scheint größer als der linke, obwohl ihre Größe identisch ist.

Der Kontext kann dabei nicht nur die Größenwahrnehmung, sondern auch die Bedeutung oder Funktion des Wahrgenommenen verändern. Diese Kontextabhängigkeit ist eine Funktion des Wahrnehmungsautopiloten. So sehr ich mich auch anstrenge, mit „Bewusstsein" den Wahrnehmungsfehler zu korrigieren, der rechte orangene Punkt bleibt so lange größer, bis ich die roten Punkte abdecke, also den Kontext aufhebe. Kontext stellt eine wichtige Informationsquelle dar, das bemerken wir spätestens dann, wenn er fehlt. Eine Person am „falschen" Ort, z.B. im Urlaub, erkennen wir viel später als in der gewohnten Situation. Das gleiche gilt für Produkte und Produktgruppen am falschen Ort. Am PoS erkennen wir es wesentlich schlechter.

Bewegte Bilder erwecken in besonderem Maße Aufmerksamkeit der Menschen. Bewegung bedeutet für das Gehirn in erster Linie Gefahr oder einen möglichen Sexualpartner.

Spiegelneuronen sind ein Resonanzsystem im Gehirn. Das Einmalige an den Nervenzellen ist, dass sie bereits Signale aussenden, wenn jemand eine Handlung nur beobachtet. Die Nervenzellen reagieren genauso, als ob man das Gesehene selbst ausgeführt bzw. gefühlt hätte. Wir haben bestimmte Muster abgespeichert, die uns signalisieren, was bestimmte Handlungen bedeuten. Es reichen wenige Zeichen, um aus den Bewegungen anderer Menschen die richtigen Schlüsse zu ziehen.

**Vom Wohlgefühl umgeben**
**Von der Nase direkt zum Gehirn**

An den roten Schriftzug von Coca Cola haben wir uns lange schon gewöhnt. Sehen wir das bekannte Symbol, kommt uns sofort die schwarze Brause in den Sinn. Bei Entscheidungen spielt nicht allein nur die Wahrnehmung, sondern immer die Summe aller Sinne, ob die eingehenden Informationen, verbunden mit unseren Erfahrungen, ein positives oder negatives Empfinden auslöst. Höre ich die tönenden Fanfaren von 20th Century Fox, weiß ich, gleich kommt ein Spielfilm. Sehr leicht lassen sich auch Töne und Melodien in der Werbung bestimmten Produkten und Dienstleistungen zuordnen. Das alles kennen wir aus der Welt der Marken.

Seit Kurzem wird in Deutschland bei der Wiedererkennung von Marken auch auf ein weiteres Wahrnehmungsgebiet gesetzt: den Geruch (olfaktorische Wahrnehmung).

Im weltweiten Einzelhandel hat sich besonders bei Mode- und Designmarken der Einsatz von Duft-Marketing längst bewährt.

Im Lebensmittelhandel hat man schon lange die Anwendung von Duft damit verbunden, Gerüche von Produkten wie frischen Kaffee, Gebäck oder Schokolade zu verstärken. Bei so genannten Duftinseln werden Produktgruppen oder Werbeauftritte speziell beduftet. Dies ist aber nur ein kleiner

Teil des Duftmarketings. Wesentlich weitreichender und wirkungsvoller ist die Entwicklung von Corporate Aromen. Das bedeutet, dass neben dem bekannten visuellen einheitlichen Erscheinungsbild wie Unternehmens-Logo, Farbe und Sound ein wiedererkennbarer Duft gestaltet wird. Hier steht ein stimmiges Gesamtbild im Vordergrund, das auch völlig neue innovative Kommunikationsmaßnahmen erfordert. Das bedeutet eine genaue Abstimmung aller Elemente aufeinander.

Diese Form von Duftmarketing ist auch in deutschen Supermärkten angekommen und sorgt für Aufmerksamkeit. Wenn man von Beduftung von Räumen hört und die damit einhergehende Beeinflussung von Menschen, dauert es meist nicht lange, und man kommt irgendwie zwangsläufig zu Patrick Süskinds Roman „Das Parfum". Dieser Bestseller, und der nicht weniger erfolgreiche Film, haben sehr zur Vorstellung der Menschen über Wirkung von Düften auf Menschen beigetragen. Aber sehr leicht vergisst man, dass es sich bei aller Spannung um eine sehr fiktive Geschichte handelt. Richtig ist, dass Gerüche oder Düfte einen Einfluss auf Menschen haben - und das sogar sehr direkt.

Die Nase und das Riechen haben in der Evolution der Menschen gleich mehrere Aufgaben zu erfüllen. Eine der wichtigsten Aufgaben war es, den Menschen vor Gefahren zu warnen. Wir haben eben hinten keine Augen und um die Ecke schauen, können wir auch nicht. Neurobiologen wissen außerdem heute sehr genau, dass wir bei der Partnerwahl, als eines der wichtigsten Selektionskriterien, den Geruch haben. Den Menschen, den wir lieben, müssen wir im wahrsten Sinne des Wortes auch riechen können. Das Gehirn ermittelt sehr schnell an Hand des Geruches, ob meine Gene mit den Genen meines Gegenübers eine gute Mischung ergibt und starke Nachkommen verspricht. Um die Fruchtbarkeit eines Mannes festzustellen, könnte bald ein simpler Riechtest genügen, glauben deutsche Wissenschaftler. Nimmt die männliche Nase den Geruch von Maiglöckchen nicht wahr, sind wahrscheinlich seine Spermien schlecht in der Lage, die Eizelle zu finden. Die Forscher stellten nämlich fest, dass die Spermien von Maiglöckchenduft gelockt werden. Die Nase ist das einzige Sinnesorgan, das seine Impulse direkt und ungefiltert zum Gehirn leitet. Einer der Informationswege führt vom Riechhirn direkt zum Sitz der Emotionen, in einen Hirnteil namens Mandelkern. Er gehört zum Limbischen System, einem in der Evolution sehr alten Gehirnareal. Im Mandelkern erzeugen die eintreffenden Duftinformationen blitzschnell ein Gefühl. Je nach Geruch kann es Freude, Angst oder Ekel sein. Der Geruchssinn lenkt aus dem Hintergrund und beeinflusst unterbewusst Gefühle, Wohlbefinden und Stimmung. Beim Betreten eines Raumes etwa werden in Sekundenschnelle Tausende von Duftstoffen wahrgenommen, analysiert und zugeordnet. So kommen wir zu unseren Erinnerungen und Empfindungen. Die Erinnerung an Gerüche ist in den meisten Fällen sehr ausgeprägt. Den Geruch von Omas Apfelkuchen kann ich mir sehr gut bis ins hohe Alter bewahren. Man darf aber nie vergessen, dass es neben den angenehmen Geruchswahrnehmungen auch genauso viele negative Geruchserlebnisse gibt. Der Geruch wird dann nicht nur als unangenehm empfunden, sondern er wechselt auch gleich den Namen und wird zum Gestank.

Noch heute kann man sehr gut beobachten, dass Menschen, bevor sie etwas essen, was sie nicht kennen, erst einmal riechen, bevor sie kosten. Der Geruch warnt uns vor verdorbenen Lebensmitteln. Negative Gerüche haben einen weitaus stärkeren Einfluss auf unser Verhalten als positive Gerüche. Hier spielt die erwähnte archaische Warnfunktion eine große Rolle, die bei Gefahr eine unmittelbare Fluchtreaktion auslöst.

Einfach ausgedrückt kann man sagen, mit Gestank kann ich jeden vertreiben, aber lang noch nicht jeden mit angenehmen Gerüchen locken. Die Qualität des Duftes spielt eine entscheidende Rolle. Es gibt einen großen Unterschied zwischen natürlichen pflanzlichen Düften und den synthetischen Düften. Die Duftmoleküle von natürlichen ätherischen Ölen werden rückstandslos verstoffwechselt. Es gibt keinen einzigen dokumentierten Fall einer Allergie durch Beduftung mit natürlichen ätherischen Ölen (in physiologischen Konzentrationen)! Die Beduftung mit natürlichen ätherischen Ölen kann das Wohlbefinden steigern. Der Aufenthalt in einem Tagungsraum oder einem Verkaufsraum lässt sich damit tatsächlich angenehmer gestalten. Das Konzept des Duftmarketing setzt die Firma Rewe Nüsken in ihrem im Januar 2008 eröffneten Supermarkt in Kamen erstmals ein. Neben der Schaffung eines eigenen, für diesen Markt geeigneten Duft – der heute eingesetzte Duft besteht immerhin aus ca. 300 unterschiedlichen Duftkomponenten – ist die Technik ebenfalls sehr aufwendig. Um eine ständig gleiche Intensität zu schaffen, wurde ein komplizierter Beduftungsautomat an die Belüftungsanlage angeschlossen. Dieser sorgt dafür, dass gleich welche äußeren Bedingungen herrschen, immer ein gleicher Geruchspegel vorhanden ist. Dies ist sehr wichtig, da der Duft nur leicht oberhalb der Wahrnehmung sein soll.

Bevor man überhaupt den Duft wahrnimmt, stellt sich ein zweiter wichtiger Effekt ein und negative Gerüche aus dem

Tiernahrungsbereich, der Käseabteilung oder der Leergutannahme werden überdeckt und nicht mehr als störend wahrgenommen. Denn hier liegt neben dem Wiedererkennungsmerkmal ein wichtiges Ziel des Duftmarketings: Es soll dazu führen, dass der Kunde sich im Markt wohler fühlt. Die ersten Ergebnisse aus den Reaktionen der Kunden und die Umsatzentwicklung haben dazu geführt, dass Carsten und Markus Nüsken auch in ihrem neuen über 2000qm großen Supermarkt in Soest, ebenfalls wieder mit ihrem eigenen Duft eine angenehme Atmosphäre schaffen. Der Wunsch oder die Befürchtung, es könnte ein „Jetzt kaufen"- oder „Jetzt glücklich"-Duft geben, gehört in die Welt der Romane.

Die menschliche Wahrnehmung über alle Sinne lässt dies durch ihre außerordentliche Komplexität absolut nicht zu. Aber der Duft eines Pfannkuchens bindet mehr ans Leben als alle philosophischen Argumente, sagte schon der deutsche Physiker G.C. Lichtenberg im 18. Jahrhundert.

Gleichwohl hat die Beduftung von Verkaufsräumen eine typische deutsche Diskussion über unterbewusste Beeinflussung in Geschäften entfacht. Es gab Bestrebungen diese zu verbieten, was natürlich nicht möglich ist, denn wie will man Gerüche aus der Welt verbannen? Es gibt keine Möglichkeit der Beduftung von Räumen, die auf gezielte Kaufentscheidung einwirkt, denn ein bedufteter Supermarkt soll eine bessere Atmosphäre schaffen, die durchaus dazu beiträgt, dass der Kunde mehr kauft, aber nicht genau einen bestimmten Artikel, sondern irgendein Artikel oder irgendeine Marke. Warum es in einem Geschäft stinken soll, bleibt mir verborgen. Die ersten, die ein Verbot von Beduftung ereilen würde, wäre die Katholische Kirche, die schon hunderte Jahre ihre Kirchen (Verkaufsräume) mit Weihrauch beduftet.

Gerade der Verlust von Geschmacks- und Geruchssinn gilt als eine der nachhaltigsten Störungen im Verlust von Sinneswahrnehmung. "Hyposmie" nennt die Medizin eine Erkrankung, bei der das Riechvermögen teilweise verloren gegangen ist. "Anosmie" ist der Fachbegriff für die vollständige Zerstörung des Geruchssinns. Christian Quint von der Abteilung für Hals-, Nasen- und Ohrenerkrankungen am Krankenhaus Lainz sagt dazu in einem Interview ORF-Radio. Der Verlust des Geruchssinns kann etwa zu erheblichen sozialen Schwierigkeiten führen, da der eigene Körpergeruch nicht mehr wahrgenommen werden kann. Das führt in manchen Fällen zu übertriebener Reinlichkeit. Außerdem ist auch die unbewusste Wahrnehmung von Pheromonen gestört. Diese Duftstoffe spielen eine wesentliche Rolle in der nonverbalen sozialen Kommunikation. "Die Betroffenen selbst bezeichnen allerdings als schlimmsten Verlust, dass sie ihre Familie, ihre Kinder nicht mehr riechen können".

Den richtigen Duft für seinen Handelsraum zu finden ist nicht einfach und es sollten immer Menschen mit gutem Fachwissen hinzugezogen werden. Nicht zuletzt gehört der Beruf des Parfümers zu den schwierigsten und seltensten der Welt. Bei der „Beduftung" von Verkaufsräumen stellt sich neben der Frage nach den richtigen Düften, natürlich ebenfalls die bereits aufgeführte Frage nach den bereits im Raum vorhandenen Gerüchen. Zurzeit findet im Markt der Duftmarketinganbieter eine teils vehemente Diskussion über die richtige Vorgehensweise bei der Behandlung von Raumluft statt. Dabei wird in der Regel völlig außer Acht gelassen, dass gerade die bereits in der Raumluft vorhandenen Botenstoffe in Form von Gerüchen, welche in der Umgebungsluft immer vorkommen, ebenfalls eine Auswirkung auf die Befindlichkeiten und die damit verbundenen unbewussten Stimulationen des Konsumenten haben. Natürlich wird der Schweißgeruch in einer Umkleidekabine eines Textilgeschäftes nicht dadurch weniger, dass wir die Luft zusätzlich mit Düften anreichern. Das wäre so, wie ein Deo zu benutzen, aber die notwendige Dusche auszulassen. Lässt sich der Riechsinn also durch Überlagerung so sehr täuschen, dass ich in dieser beschriebenen Situation nun nicht mehr das Gefühl habe, hier „irgendwie, irgendwen nicht riechen zu können"? Wie sagte man bereits in den 70er Jahren zu dem damals allseits geliebten Fichtennadel Spray: "Jetzt riecht`s nicht mehr nach Klo, jetzt riecht`s, als hätte man in einen Fichtenwald gemacht." Besser wurde damit der Klogeruch aber sicher nicht. Ansätze, einen Verkaufsraum also mit weiteren Düften zu beduften, sind daher lediglich die Beschreitung der Hälfte des Weges zu einem olfaktorischen neuromerchandising® Konzept. Der wesentliche Schlüssel zur zielgerichteten Abstimmung eines Raumluftambientes ist daher die Möglichkeit der Geruchsneutralisation.

Schaut man sich den Markt einmal nach diesen Kriterien an, wird im wahrsten Sinne des Wortes die Luft dünn. Geruchsneutralisation über Ozongeräte findet man dort, welche in der Lage sind, Geruchsmoleküle in der Luft zu zerstören. Diese Gerätschaften zerstören in der Luft allerdings jegliche Geruchs- und Duftstoffe und sind daher nicht wirklich unbedenklich für eine Raumbeduftung einsetzbar. Denn sicher macht es keinen Sinn, ein Restaurant oder eine Bäckerei geruchlos zu machen und einen chlorartigen Geruch zu hinterlassen, der einem noch den letzten Anflug von Appetit nimmt. Einen natürlichen Ansatz bei der Neutralisation von

Gerüchen bietet seit vielen Jahren Air Creative mit seinen Luftveredelungssystemen. Einzigartig ist dabei der natürliche Prozess, bei dem durch einen - teils patentierten - Maiszuckerextrakt (Airomex) Geruchsmoleküle auf natürlichem Wege in ihrer Flüchtigkeit gestoppt, und zu einem geruchslosen Neutralsalz umgewandelt werden. Der Clou dabei ist, dass dieser Prozess lediglich die störenden Moleküle von negativ stimulierenden Botenstoffen aus der Luft löscht. Gleichzeitig lässt sich damit die Luft durch natürliche, ätherische Öle stimulativ aufbereiten. Nebenbei ergibt sich damit der Vorteil, dass die bereits in der Luft vorhandenen Düfte ebenfalls vollständig erhalten bleiben. Bäckerei riecht also immer noch nach Bäckerei, aber eben nicht mehr nach magenschließenden Gerüchen von Ammoniak (aus den Reinigungsmitteln), Käse- und sonstigen Fettgerüchen und eben auch nicht nach dem menschlichen Eigengeruch von Kunden und Mitarbeitern im Geschäft. Zusätzlich wird dann die Luft mit Appetit anregenden Gewürz- und weiteren Düften angereichert, um den Speichelfluss zu fördern, Kommunikationsbereitschaft zu erhöhen und ein tiefes Gefühl von Sauberkeit zu vermitteln.

In der Forschungsabteilung von Air Creative hat man den Effekt dieses Extraktes bereits vor 20 Jahren entdeckt und auf dieser Grundlage ein ganzheitliches Luftveredelungskonzept entwickelt.

„Bereits ganz am Anfang unserer Arbeit war klar, dass die vorhergehende Neutralisation von Gerüchen, ein wesentlicher Faktor bei der Umsetzung olfaktorischer Neuromarketinglösungen sein würde," sagt dazu Beat Grossenbacher, (CEO der Air Creative AG, CH) und führt weiter aus,

"Danach ist die konzentrierte Arbeit mit rein natürlichen Duftölen der Weg zum Erfolg. Denn nur wenn die Luft von ihren Störfaktoren, wie Schweißgeruch, Gerüche der Geschäftsausstattung und der Produkte, etc. befreit ist, können wir Düfte einsetzen, die nicht ihrem Geruch nachwirken müssen, sondern die sich ganz auf ihre Eigenschaft als natürlicher Botenstoff auf den Weg in das limbische System des Konsumenten machen dürfen." So zeigen wissenschaftliche Untersuchungen auf, dass nicht jeder Mensch gleich auf - bewusst wahrgenommene Düfte - reagiert, sondern abhängig von seinen subjektiven Erfahrungen, die Wahrnehmung von Düften und Gerüchen beeinflusst ist. Versuche, bei denen man einen käseartigen Geruch in die Luft brachte, und die Probanden gleichzeitig mit der Information „Chedarkäse" einstimmte, hinterließen eine eher positive Reaktion auf diesen Geruch. Nachdem man den gleichen käsigen Geruch mit der Information „Körpergeruch" in die Luft entließ, wendete sich das Blatt. Nun fühlten sich die Probanden gestört und empfanden den gleichen Geruch als abstoßend.

Der Schlüssel zu einem tatsächlichen olfaktorischen Neuromarketing liegt demnach also eher darin, dass die Luft gereinigt und somit als angenehm und klar wahrgenommen wird und im Anschluss so dezent mit ätherischen Ölen aufbereitet wird, dass diese der bewussten Beurteilung nicht unterzogen werden. Beat Grossenbacher dazu: „Ätherische Öle wirken auf den Organismus in zweierlei Hinsicht: Einerseits ist die Wirkung in Form von biochemischen Reaktionen bekannt und nachgewiesen, andererseits wissen wir aus vielfachen Untersuchungen auch um ihre Wirkung entsprechend ihrer farblichen Frequenzen". Unbestritten hat die farbliche Gestaltung eines Raumes einen großen Anteil an der atmosphärischen Wahrnehmung eines Raumes.

So weiß man aus Untersuchungen, dass selbst blinde Menschen in der Lage sind zu erkennen, ob sie sich in einem roten oder in einem blauen Raum befinden. Das hat mit den Lichtfrequenzen zu tun, die durch die farbliche Gestaltung in unterschiedlicher Wellenlänge in der Raumatmosphäre vorkommen. Dies ist direkt erkennbar und lässt sich selbst für den Laien erkennbar machen, indem z.B. ein blauer, violetter Duft wie das Lavendelöl, verbunden mit einem roten, visuellen Reiz gerochen wird. Das Riecherlebnis ist damit gänzlich anders, als es - verbunden mit einem blauen - visuellen Reiz ist.

„Wir wissen um diese Korrelation bereits seit vielen Jahren und haben in verschiedenen Kundenuntersuchungen die tiefgreifende Wirkung unseres olfaktorischen Neuromarketings nachweisen können. Räume lassen sich durch eine zielgerichtete Veredelung der Luft atmosphärisch harmonisieren.

Dass wir in der Lage sind, Emotionen wie Glücksgefühle, sinnliche Stimulation, die Anregung des Speichelflusses und so weiter, über den Riechsinn ansteuern zu können, hat die Wissenschaft mittlerweile nachgewiesen und uns damit in unserer langjährigen Arbeit recht gegeben", fasst Grossenbacher seine Erfahrungen zusammen.

„Im Duftmarketing bewegt sich gerade vieles auf wahrnehmbare CI Düfte hin. Marken möchten - neben allen visuellen „Events" - nun auch noch ein Audio- und ein Duftlogo und sind sich nicht immer darüber bewusst, dass es bei der Nutzung der Olfaktorik nicht um bewusst riechbare Ansätze gehen darf. Der Riechsinn beeinflusst alle weiteren Sinne am maßgeblichsten und steuert damit die emotionale Grundhaltung zu einer Marke. Verwenden wir dieses

Instrument im Sinne eines „Duftevents", wirkt sich das auf den Konsumenten polarisierend aus. Dafür gibt es nach unserer Ansicht keine Notwendigkeit, wenn ich Düfte im Sinne olfaktorischen Neuromarketings, also unter der bewussten Wahrnehmungsschwelle, einsetze", so sagt Grossenbacher weiter.

Aus wissenschaftlicher Sicht ist klar, dass der Riechsinn auf dem direktesten Wege in unser Gehirn dringt. So wechselt ein Riechreiz nur etwa drei bis vier Mal die Nervenbahnen auf dem Weg ins Zentrum seiner Verarbeitung, bei einem Berührungsreiz ist dieser Wert im Vergleich etwa 1000-fach höher. Nachgewiesen ist daneben aber auch die Auswirkung von Düften und Gerüchen auf die Wahrnehmung anderer Sinnesreize.

So verändert sich die Wahrnehmung eines Raumes durch die Veränderung der Luft maßgeblich und auch das Wahrnehmen von Musik interagiert mit den vorhandenen Düften und Gerüchen in der Luft.

**Farben am POS**

*"Pessimisten können in den schillerndsten Farben schwarzmalen."*
© Kuno Klaboschke

Bekanntlich sind nachts alle Katzen grau - warum ist das so? Die Netzhaut des menschlichen Auges besitzt etwa 130 Millionen Sehzellen. Circa sieben Millionen davon sind so genannte Zapfen, von denen es drei verschiedene Arten (Grün-, Blau- und Rotrezeptoren) gibt. Sie sind für das Farbensehen wesentlich mitverantwortlich. Die anderen Sehzellen nennt man Stäbchen. Die drei Zapfenarten im Zusammenspiel ermöglichen es einem „normal farbentüchtigen" Menschen, alle Farbtöne des Spektrums zu erkennen. Eine wichtige Voraussetzung hierfür ist allerdings eine ausreichende Helligkeit, was der Grund dafür ist, dass man in der Dämmerung keine Farben mehr erkennen kann. In der Dunkelheit werden die Stäbchen aktiv. Mit den Stäbchen kann man verschiedene Grautöne und Bewegungen wahrnehmen. Das Sehen mit Stäbchen ist auf Schwarz-Weiß-Kontraste beschränkt. Sowohl Zapfen als auch Stäbchen enthalten Sehfarbstoffe. Prof. Dr. med. Frank-Lothar Welter, Ärztlicher Direktor und Chefarzt der Neurologie der Hardtwaldklinik, schreibt: „Am besten untersucht ist der Sehfarbstoff der Stäbchen, das so genannte Rhodopsin oder Sehpurpur, das aus einem Eiweiß und einem Vitamin-A-Abkömmling besteht. Es zerfällt schon bei der geringsten Lichteinwirkung in seine chemischen Bestandteile und löst damit den Nervenimpuls aus. Er führt dazu, dass wir auch nachts „Bilder vor Augen" haben. In der Dämmerung baut sich das

Sehpurpur unmittelbar nach seinem Zerfall wieder auf. Die Stäbchen bleiben auf diese Weise während der Dunkelheit immer aktiv. Bei Tageslicht jedoch zerfällt das Rhodopsin schneller, als es wieder aufgebaut werden kann. Der Sehprozess wird tagsüber also fast ausschließlich von den Zapfen gesteuert, da die Stäbchen praktisch nicht erregbar sind.

Farbenblinden fehlt eine oder mehrere Zapfenarten, beziehungsweise die darin enthaltenen Sehfarbstoffe – das Farbensehen ist eingeschränkt. Derartige Störungen sind zumeist angeboren und betreffen überwiegend das männliche Geschlecht. Am häufigsten ist die so genannte Rot-Grün-Blindheit oder besser Rot-Grün-Schwäche, unter der fast zehn Prozent der Männer, jedoch nur ein Prozent der Frauen leiden.

**Green Red Blue
Purple Blue Purple**

---

**Blue Purple Red
Green Purple Green**

Stroop-Effekt

Bei den meisten Farbsehstörungen handelt es sich um Farbensinnschwächen. Die Betroffenen erkennen in Farbmischungen mehr Grün oder Rot als normal Farbentüchtige.

Manchmal werden die Farben auch verwechselt. Eine völlige Farbenblindheit hingegen ist ausgesprochen selten."
In der weiteren kognitiven Verarbeitung der Farbinformation werden verschiedene Farbnuancen zu Kategorien zusammengefasst. Von diesen Kategorien gibt es ca. sieben bis elf, die sogar über größere Kulturunterschiede hinweg relativ konstante Bezeichnungen aufweisen (siehe Hardin & Maffi, 1997). Ein neuronales Substrat für derartige Kategorien wurde bislang noch nicht entdeckt. Zumindest in den frühen visuellen Verarbeitungsstufen, bis hin zum extrastriären Areal V4, findet sich keine bevorzugte Repräsentation dieser Kategorien. Die Zuweisung von Farbnamen zu Objekten scheint daher auf einer sehr hohen Verarbeitungsebene abzulaufen, während einfache Farbunterscheidungen schon durch Schaltkreise im primären visuellen Kortex erklärt werden können. Dies wird auch durch Ergebnisse aus der Entwicklung belegt. Kinder können Farben schon im Alter von ca. vier Monaten unterscheiden, während die richtige Benennung erst sehr viel später, im Alter von zwei bis vier Jahren, erlernt wird (Bornstein, 1985).

Noch wichtiger als kognitive erscheinen die emotionalen Aspekte, die mit der Wahrnehmung von Farben einhergehen. Eine enge Vernetzung der kortikalen Farbsehmechanismen mit limbischen Strukturen kann daher angenommen werden. Der Großteil dieser emotionalen Reaktionen ist sicherlich erlernt und hängt von kulturellen Faktoren ab. Es scheint aber auch einige universelle Phänomene zu geben. So geht die Farbe "Rot" generell mit gesteigerten Emotionen und Reaktionen einher und ist in nahezu allen Kulturen der erste, wichtigste Farbname.

(Karl R. Gegenfurtner, Abteilung Allgemeine Psychologie, Justus-Liebig-Universität Gießen).

Farben prägen unser Denken, Fühlen und Handeln und haben eine direkte Wirkung auf innere Organe, Muskeln und Durchblutung. Ohne Licht und Farben würden wir körperlich und seelisch verkümmern wie die Kinder, die früher in Bergwerken schuften mussten. Sie litten an der Englischen Krankheit, der Rachitis. Der Lichtmangel unter Tage führte zu einer Vitamin-D-Unterversorgung. Im Extremfall kam es zur Knochenverkümmerung.

Farben haben auch im Handel eine große Bedeutung: Grün steht bei Lebensmittel zum Beispiel für Gemüse, rot für Fleisch, frische Ware und Fisch blau. Dieses ist gelernt und entspricht nicht nur unserer Erfahrung aus der Zeit der Supermärkte. Trotz dieser Erkenntnisse gibt es immer wieder Versuche, dies aus Marketinggesichtspunkten zu ändern, um angeblich aufzufallen. So wird eine Fischabteilung plötzlich in gelber Farbe gestaltet, wobei Gelb und Fisch sich allenfalls auf die Maden im Fisch beziehen könnte.

Unglaublich und manchmal auch skurril. Farben können durchaus auch ihre Bedeutung wechseln. Die Dame im Café, die am Nebentisch sitzt, hält ihr Baby auf dem Arm. Die rosa Mütze signalisiert mir ein Mädchen. Der Anziehungskraft eines lächelnden Babys kann man sich nur schwer entziehen; auch das ist tief in unseren Gehirnen verankert. So frage ich höflich: „Wie heißt sie denn?" – "Er heißt Oliver.", antwortete sie und ergänzte: „Eigentlich hatten wir mit einem Mädchen gerechnet". Die Mütze habe ihr aber so sehr gefallen, dass Oliver sie trotzt der Farbe tragen könne. Nun ist Rosa auch für die Herrenwelt eine Farbe, die durchaus getragen wird, insofern war es nicht wirklich ein großer Fauxpas. Es ist aber ein

schönes Beispiel, wie sehr Farben einem bestimmten Geschlecht zugeordnet werden.
Diese Geschlechterzuordnung hat sich vor etwa 80-100 Jahren ergeben. Vor dieser Zeit war die Zuordnung von Farben zum Geschlecht genau umgekehrt. Sehr gut können wir das auf alten Gemälden beobachten. In der christlichen Farbsymbolik werden in den meisten Darstellungen des Mariengewandes blaue Farben verwendet, weil Blau als weibliche Farbe galt. Rot war die Farbe, die den Männern vorbehalten war. Das galt für Adels- und Königshäusern und das Militär. Das auffällige Rot verschwand aus dem Militär, blau wurde die Uniform der Matrosen, so wie die Arbeiteruniformen, die man im Ruhrgebiet auch „Blaumänner" nannte. So kam es letztlich zu der Zuordnung von Blau und Rot bei Babys. Ein Grund, warum Mädchen heutzutage so gern Rosa mögen, liegt sicher darin, dass es inzwischen ein riesiges rosafarbenes Kleider- und Spielzeug-Angebot gibt. Kann ich wieder mal einem Babylächeln nicht widerstehen, frage ich als Erstes: „Ist es ein Junge oder Mädchen?", was dann auch wieder kritische Blicke auf mich zieht.

Es ist unbestritten, dass Farben von Räumen großen Einfluss auf das Verhalten und die Empfindungen von Menschen haben. Dieses ist sehr tief verwurzelt und geht weit über das hinaus, was wir allgemein hin glauben. So empfinden blinde Menschen, genau wie Sehende, blaue Räume als kälter als rote Räume. In einem blau-grün gestrichenen Zimmer ist einem schon bei 15 Grad Celsius kalt; in einem orange gestrichenen Raum erst bei deutlich niedrigen Temperaturen.
Mit der richtigen Farbe kann man durchaus sogar Energiekosten sparen. Studien aus den USA zeigen, dass Gefängnis-

zellen, die in Kaugummirosa gestrichen wurden, auf die Gefangenen beruhigend wirken. Verschiedenen Quellen zufolge ging die Muskelkraft der Häftlinge binnen weniger Sekunden deutlich zurück, während nach anderen Studien knallrotes Licht die Muskelkraft deutlich steigert. Knallgelbe Unterhosen heben die Stimmung. Rote Unterwäsche soll mehr Energie und ein grünes Outfit mehr Harmonie bringen. Das jedenfalls behauptet die in Southampton lebende deutsche Farbtherapeutin Christa Muths, die davon überzeugt ist, dass Farbschwingungen aus der Kleidung über die Haut in den Körper dringen und dort ein Echo auslösen. Anhand dieser Beispiele sehen wir, dass Farben viele Sinne beeinflussen wie das Kälte- und Wärmeempfinden, was wir auf den ersten Blick einfach der Temperatur zuschreiben.

Fast jedes Unternehmen benutzt Farben zur Markenerkennung und spiegelt sie selbstverständlich auch am PoS wider. Das Magenta der Telecom ist hier ein gutes Beispiel. Es kommt öfter vor, dass sich die eingeführten Markenfarben eigentlich nicht für das Ambiente eines Geschäftes eignen. Hier muss man besondere Sorgfalt walten lassen und einen Ausgleich zwischen der Markenerkennung und der nötigen Farbgestaltung der Räume finden. Grundsätzlich zu tief verwurzelte Farbbedeutung darf man aber auf keinen Fall übergehen. Das, was für einen Verkaufsraum gilt, gilt auch für Schulungs-, Tagungs- und Büroräume, sowie für alle Räume, in denen wir leben und arbeiten.

Farben helfen sehr gut uns zu orientieren: So finden die meisten Menschen ihr Auto im Parkhaus besser wieder, wenn die unterschiedlichen Parkdecks nicht nur Nummer tragen, sondern auch farblich gekennzeichnet sind. Der Umgang mit

Farben im Handel und beim Handeln sollte sehr genau beachtet und sorgfältig behandelt werden. Um sich mit Produkt oder Konzept vom Mitbewerber abzuheben und ein Markenbild zu prägen, wird vom Marketing versucht, den Farben eine Bedeutung zu geben.

Farbe zum Ausdruck von Bedeutung einzusetzen, ist ein schwieriger Prozess. Hier lässt sich vieles auch nicht immer von einer Kultur auf eine andere übertragen. Das gilt auch innerhalb einer Kultur. Auch hier kann es schon zu Unterschieden und Konflikt der Bedeutungen von Farben kommen. Die Farbe Blau kann sowohl Macht als auch Melancholie ausdrücken – zwei Konzepte, die sich nur schwer in Einklang bringen lassen.

Der Einsatz von Farben aus reinen Marketinggesichtspunkten kann zu erheblichen Fehldeutungen und zur Verwirrung führen, wenn die Grundsätze der Wahrnehmung von Farben aus neurobiologischer Sicht nicht berücksichtig werden. In der Wissenschaft werden Farben mit den Wellenlängen des Lichts definiert, doch welches Bild im Kopf eines Menschen entsteht, der eine gelbe Banane sieht, ist damit nicht geklärt. Die gelbe Banane kann in der Wahrnehmung des einen ganz anders aussehen als in der Wahrnehmung des anderen – alle haben sich nur darauf geeinigt, die Farbe der Banane gelb zu nennen. Hierbei muss beachtet werden, dass Farben eben nicht allein vom Sehsystem des Auges aufgenommen werden, sondern auch von unserer Haut.

Prof. Leonid Yaroslavsky von der Tel Aviv University arbeitet an einem Bildgebungsverfahren, das ohne Linsen auskommt. In seinem Buch „Advances in Information Optics and Photonics" erklärt er, dass Menschen Farben und Formen mit der Haut wahrnehmen können. Dies ist schon bei einigen

Tieren (besonders Reptilien) und Pflanzen bekannt. Bei Menschen handelt es sich dabei um aus Urzeiten überkommene Fähigkeit, durch lichtempfindliche Zellen der Haut zu „sehen", die mit dem Nervensystem im Körper und mit dem Gehirn direkt verbunden seien, so sagt Yaroslavsky. Farben können dazu beitragen, dass ich mich besser orientieren kann, aber sie können auch eine Unübersichtlichkeit auslösen. Wir werden nicht gleich verrückt, aber drehen durch, wenn wir in eine von Farben überladene Umwelt kommen, denn das Gehirn schützt uns, indem es einfach nicht alle aufgenommen Reize verarbeitet – wir sehen dann zwar wahrscheinlich die Dinge noch, aber wir nehmen sie nicht wahr. Die Wahrnehmung wird selektiv, das heißt, bestimmte Informationen werden benachteiligt oder andere bevorzugt wahrgenommen. An einem PoS, an dem es täglich eine große Fülle an Informationen gibt, wiegt die selektive Wahrnehmung sehr – dadurch, dass negative wie neutrale Signale übersehen und Produkte einfach ignoriert werden. Auf der anderen Seite führt Einfarbigkeit und Uniformität ebenfalls zu Schwierigkeiten bei der Wahrnehmung. In einem Weinregal, wo fast alle Flaschen die gleiche Farbe und Form haben, fällt es schwer, sich zu orientieren.

**Wer hören will, muss fühlen**

*"Nicht sehen können trennt von den Dingen, nicht hören können – von den Menschen".*
© *Immanuel Kant.*

Wer hören will, muss fühlen. Das können Sie ruhig wörtlich nehmen. Wie komplex Sinneswahrnehmungen sind zeigt sich wieder mal auch beim Hören. Die menschliche Fähigkeit zu hören beschränkt sich eben nicht nur auf den Gehörsinn. Wissenschaftler haben herausgefunden, dass bestimmte Laute auch mit der Haut wahrgenommen werden. Kleine Ausbrüche von Luft geben der Haut Informationen über den Charakter einzelner Silben. Die Phonetik kennt den Begriff Aspiration: Bestimmte Laute, so genannte Plosive, werden gehaucht, der Laut ist von einem Hauchgeräusch begleitet. Aber offensichtlich auch von einer unhörbaren Luftdruckschwankung.
Im Fachmagazin „Nature" berichten Wissenschaftler um Bryan Gick von der Universität Vancouver von ihren Erkenntnissen. Der Mensch hört auch mit der Haut. Sie haben herausgefunden, dass die Hautoberfläche mit eingelagerten Drucksensoren kleine unhörbare Druckwellen wahrnimmt, die vom sprechenden Mund des Gegenübers ausgehen.
Insofern funktioniert das Hauthören naturgemäß nur auf vergleichsweise kurze Distanzen – aber immerhin. Die Wissenschaftler hatten die ungehauchten Silben „ba" und „da" sowie die gehauchten Silben „pa" und „ta" Testpersonen zu Gehör gebracht. Dass sich die Sprachverständlichkeit durch

Druckwellen verändert und jeder auch mit der Haut hört, zogen sie aus einem Umkehrschluss: Sie ließen die Probanden „ba"- und „da"-Silben (mit den Ohren) hören, gaben aber auf Hand oder Nacken zugleich einen Lufthauch. Was geschah? Die Versuchspersonen gaben an, „pa" und „ta" zu hören, obwohl dies der akustischen Information im Ohr widersprach. Für die Wahrnehmung des Menschen bedeutet dies nun, dass nicht nur die Ohren und die Augen, mit deren Hilfe Gesichtsausdrücke erkannt werden, zum Verständnis

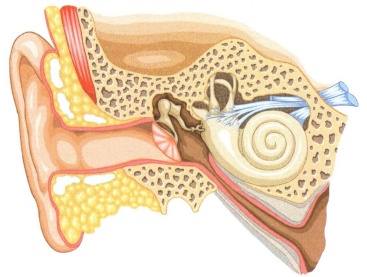

des gesprochenen Wortes beitragen. Das Gehirn bedient sich diesbezüglich auch der Informationen des Tastsinns. Gehauchte Luftdrucksignale und Sprachinformation wirken folglich parallel, das gehauchte Signal auf der Haut unterstützt das Gehirn beim Entschlüsseln der gehörten Nachricht.
Das Gehör gilt als wichtiger Empfänger für Begleitinformationen auf der emotionalen und sozialen Ebene. Das Ohr, wenn wir es in der Sprache des Handels sagen, hat 24

Stunden am Tag geöffnet. Es nimmt also immer Informationen aus meiner Umwelt auf. Das Hören besitzt eine Warnfunktion, es lässt uns in Sekundenschnelle aus dem tiefsten Schlaf erwachen, wenn wir ein Geräusch hören. Eltern hören die kleinsten Signale ihrer Babys in der Nacht und erwachen sofort.

Das Gehör gilt als das wichtigste Kommunikationsorgan – wann haben sie zuletzt über ihre Ohren nachgedacht? Ihre Ohren sind Hochleistungspräzisionsinstrumente. Bereits ab der 20. Schwangerschaftswoche funktioniert der Hörsinn im Mutterleib, das ungeborene Kind erkennt die Stimme der Mutter und kann über das Ohr bereits Töne aufnehmen. Jeder, der Kinder hat oder sehr junge Menschen erlebt, weiß, was es bedeutet, wenn ein Baby die Macht der eigenen Stimme erkennt. Dabei spielt das Gehör eine wichtige Rolle bei der sozialen Interaktion, denn das Gehör ist genau auf Rhythmus und Frequenz von Sprache eingestellt. Für den Spracherwerb ist ein funktionierendes Gehör besonders wichtig. Denn erst Hören ermöglicht eine lautsprachliche Kommunikation. Eine wichtige Gehörfunktion ist die Orientierung. Mit schlechtem Gehör ist es nahezu unmöglich festzustellen, woher ein Geräusch kommt und wie weit es entfernt ist. Gerade im Dunkeln merkt man, wie wichtig dies ist.
Musik und Emotionen gehören zusammen. Wenn ich beim Hören einer Tonfolge eine Gänsehaut bekomme und eine Empfindung des Glücks verspüre, ist dies bei jedem Menschen gleich, egal ob sie Klassik, Rock, Blues oder Rap hören.

Welchen Einfluss hat Musik auf unsere Emotionen und gibt es so etwas wie eine natürliche Sprache der Emotion? Und überhaupt: Warum lösen Töne bzw. Musik einen so starken emotionalen Reiz in unserem Gehirn aus? «Jeglicher emotionaler Ausdruck geht von der Sprache aus und wird dann in andere Bereiche (z.B. Musik) übertragen.» Akustische Erlebnisse sind dazu geeignet, Emotionen und Stimmungen zu transportieren. Trojan & Winkel, sprechen hier von einem interkulturellen Bezug. Die Autoren unterschieden zwischen Schonstimme und Kraftstimme als grundlegende biologische Indikatoren stimmlichen Ausdrucks. Diese Indikatoren finden sich auch in den Beobachtungen anderer Wissenschaftler über trans-kulturelle Übereinstimmungen beim Gebrauch von Sprech-melodien: Tiefe, intensive Laute (Knurren) dienen als Kommunikator für Aggressionsbereitschaft; hohe, leise Laute (Winseln) haben Funktionen einer Unterwerfungsgeste. Eine Präzisierung sprachlicher Ausdrucksformen in Bezug zu den Emotionen wie Freude, Ärger, Furcht, Gleichgültigkeit, Verachtung, Langeweile und Traurigkeit innerhalb unseres Kulturbereiches ergaben die Untersuchungen von Scherer. Schauspieler hatten einen neutralen Text in unterschiedlicher emotionaler Färbung zu sprechen. Als akustische Merkmale für Freude z.B. ließen sich übereinstimmend nachweisen: hohe Grundfrequenz, große Variabilität der Grundfrequenz, schnelles Sprechtempo und große Lautstärke. Diese Zuordnung deckt sich weitgehend mit den Daten, die Eibl-Eibesfeld im interkulturellen Vergleich bei Musik ermittelt hat.

Nachdem bereits in den 40er Jahren emotionsgeladene Verhaltensschemata wie Wut, Furcht, Freude durch die Reizung bestimmter Regionen des Hypothalamus nachgewiesen wurden, legen die Arbeiten von Clynes die Annahme nahe, dass für grundlegende Emotionen bei Populationen verschiedener Kulturen ganz bestimmten neurophysiologischen Mustern eine Art Auslösefunktionen zukommt. Es handelt sich hierbei um biochemisch festgelegte Nervenzellennetze, die sich vor allem im limbischen System lokalisieren lassen. (Henning Nolte und Matthias Allner)

Zu einem ganzheitlichen Markenauftritt vieler Unternehmen gehört die Entwicklung eines Audio-Brandings. Hierbei werden alle Bereiche der auditiven Welt wie Geräusch, Klang, Musik aber auch der Dialog genutzt, um einem Produkt oder einer Marke eine hörbare Wiedererkennung zu geben. Rösing hat ein Ausdrucksmodell von einiger Aussagekraft entworfen, das allgemeingültige Grundtypen menschlichen Verhaltens mit Musik in Beziehung setzt: Imponiergehabe, Zärtlichkeitsbekundung, resignative Passivität und betonte Aktivität (Rösing, 1981).

Das Hören am PoS, also das Beschallen von Verkaufsräumen, aber auch Wartebereichen unterschiedlicher Dienstleister, so wie in Hotels und Restaurants, ist nach wie vor sehr verbreitet. In den 90er Jahren griffen so genannte PoS-Radios (Point-of-Sale-Radios) rasend um sich. Heute gibt es eine große Vielfalt von Anbietern mit unterschiedlichen Konzepten.

Michael Schneider, Inhaber einer Agentur für technische Dienstleistungen der Psychoakustik als Schwerpunkt, schreibt in „apotheke+marketing" 09.2009: „In Fachkreisen spricht man bei der Beschallung von Verkaufsräumen auch von so genannter funktioneller Musik, also Musik oder Klängen, die eine Funktion ausüben." Instrumentalmusik und bestimmte rhythmische Klangabfolgen wirken sich nachweislich in Form von physiologischen Reaktionen auf den menschlichen

Organismus aus und können, richtig eingesetzt, eine positive Wirkung auf den Zuhörer haben. Ursache hierfür ist unter anderem die Reaktion des Nervus Vagus, der nach Stimulierung durch neuronale Reize unseres Gehörs an der Regulation der Tätigkeit der inneren Organe beteiligt ist, indem er diese belebt oder beruhigt. In der Regel kann man sagen, dass ruhige Musik mit einer Taktfrequenz etwas unterhalb der Herzfrequenz (etwa 70 Schläge pro Minute) das vegetative Nervensystem „herunterholt" und eine beruhigende Wirkung ausübt.

Interessanterweise wirkt Musik mit Gesang und Spracheinlagen eher auf rational-analytischer Ebene. Die Ausnutzung dieses Effektes spiegelt sich auch in den werblichen Maßnahmen der Musikindustrie wider. Der Markt für funktionelle Musik im Wellness-Sektor hingegen beschränkt sich häufig auf Entspannungsmusik. Diese Produkte versprechen Wohlbefinden und Entspannung für den Nutzer, sind aber für einen dauerhaften Einsatz in einer Apotheke nicht geeignet. Welche Mitarbeiterin will bei der Arbeit schon dauerhaft entspannt sein? Bei der Beschallung von Verkaufsräumen ist auch immer zu beachten, dass Mitarbeiter sich in den beschallten Räumen aufhalten. Die Beschallung des PoS ist zweifellos eine Aufgabe, die man Experten überlassen sollte und weniger des persönlichen Geschmacks.

Da Hören und Gleichgewichtssinn, die Orientierung im Raum, in der Wahrnehmung von Menschen eine nicht unerhebliche Rolle spielt, sollte man sehr genau darauf achten, dass man durch den Einfluss von Beschallung nicht Einfluss auf das Verhalten am PoS nimmt, den man überhaupt nicht eingeplant hat und auch der eigenen bewussten Wahrnehmung verborgen bleibt.

In einer auf audiovisuelle Medien fixierten Zukunftsgesellschaft, wie wir sie mit Sicherheit zu erwarten haben – wenn sie nicht bereits existiert – ist auch der Einsatz der auditiven Ansprache unverzichtbar und wird seine Wirkung, zusammen mit der optischen Gesamtgestaltung, nicht verfehlen. (Michael Schneider/ TEControl)

**Fühlen – der unterschätzte Sinn**

Ob Gewicht, Gestalt oder Beschaffenheit von Objekten in unseren Händen – der Tastsinn hat einen großen Einfluss auf das Verhalten des Menschen. Er lenkt unbewusst die Eindrücke und Entscheidungen des Menschen. Dieses Verhalten ist ein Relikt aus der frühesten Kindheit, denn der Tastsinn stellt den ersten Kontakt eines Säuglings mit der Außenwelt dar.

Die Beurteilung von Personen und Eindrücken, die durch den Tastsinn beeinflusst wird, ist eine Weiterführung der Erfahrungen aus frühester Kindheit. Tasten ist der erste Sinn, mit dem Menschen die Welt wahrnehmen, beispielsweise vermittelt die weiche und sanfte Berührung durch die Mutter dem Säugling Sicherheit und Wohlbefinden. Der Tastsinn dürfte damit ein grundlegender Teil des komplexen Prozesses geworden sein, mit dem der Mensch durch Berührungen ein abstraktes Verständnis seiner Umwelt erlangt. Die Haut gibt uns die Fähigkeit, Berührungen, Druck, Spannung und Temperaturunterschiede wahrzunehmen. Die Rezeptoren für diese Empfindungen liegen in der Oberhaut und in der Lederhaut. Als haptische Wahrnehmung (griech.: haptikos = greifbar) bezeichnet man das aktive Erfühlen von Größe, Konturen, Oberflächentextur, Gewicht usw. eines Objekts durch Integration aller Hautsinne und der Tiefensensibilität. Die Gesamtheit der haptischen Wahrnehmungen erlaubt es dem Gehirn, mechanische Reize, Temperaturreize und Schmerz zu lokalisieren und zu bewerten.

Die Sinne der haptischen Wahrnehmung beim Menschen sind:
- taktile Wahrnehmung (Oberflächensensibilität),
- kinästhetische Wahrnehmung/Propriozeption
  (Tiefensensibilität),
- Temperaturwahrnehmung,
- Schmerzwahrnehmung.

Bei der haptischen Wahrnehmung ist der Motorcortex immer aktiv; sie steht damit im Gegensatz zur Wahrnehmung passiver Reizeinwirkungen, wie zum Beispiel dem berührt werden. Lederman & Klatzky (1987) haben die folgenden Erkundungs-Prozeduren identifiziert: Überstreichen der Oberfläche (lateral motion), Drücken (pressure), Umfassen (enclosure), Konturen nachfahren (contour following). M. Grunwald, L. Beyer (Hrsg.): Der bewegte Sinn, Birkhäuser Verlag 2001.

Frauen haben einen besseren Tastsinn als Männer. Denn auf ihren kleineren Händen sind die Nervenzellen dichter gedrängt. Die Folge: mehr Feinfühligkeit.
Nicht das Geschlecht gibt den Ausschlag, sondern die Anzahl der Nervenzellen pro Fläche – und die ist auf kleineren Händen eben höher als auf großen. Die Forscher vermuten, dass eine größere Anzahl von Nervenzellen pro Fläche zu der höheren Sensitivität führt, ähnlich wie eine größere Zahl an Bildpunkten pro Fläche auf einem Foto für ein schärferes Bild sorgt. Für das Erfassen von länger anhaltendem Druck auf die Hautoberfläche, wie ihn die Forscher in ihrem Versuch ausgeübt hatten, sind die sogenannten Merkelzellen zu-

ständig. Da diese um die deutlich größeren Schweißdrüsen angeordnet sind, mussten die Wissenschaftler nur die Zahl der Schweißdrüsen pro Flächeneinheit ermittelten und den Abstand der Drüsen zueinander messen. Personen mit kleinen Fingern haben pro Flächeneinheit mehr Schweißdrüsen und damit auch mehr Merkelzellen.

In früheren Studien hatte es Hinweise darauf gegeben, dass Menschen im gleichen Alter, unabhängig von der Größe ihrer Fingerkuppen, die gleiche Anzahl an Sensoren besitzen – allerdings handelte es sich dabei um Sensoren für Vibrationen.

Auch für den Schmerz gibt es einen Sinn. Der Schmerzsinn dient als Warnzeichen vor Gefahren und ist deshalb überlebenswichtig. Die Nerven, die das Schmerzsignal zum Gehirn weiterleiten, gehen fast bis zur obersten Hautschicht. Die dort befindlichen Schmerzsinneszellen vermitteln Schmerzempfindungen durch ätzende Stoffe, extreme Temperaturen und starken Druck. Die für die Schmerzempfindung zuständigen Schmerzrezeptoren sind nicht auf spezielle Sinnesorgane konzentriert, sondern über den gesamten Körper verteilt. Jede Art von Schmerzen, die Kunden erleiden könnten, ist natürlich zu vermeiden. Hierzu können beispielsweise spitze Gegenstände eines Shops gehören. Aber auch Hitze kann Schmerzen auslösen, wenn Bauteile oder Elemente durch künstliches oder natürliches Licht erhitzt werden. Schmerz betont emotionale Aspekte der Wahrnehmung (psychische Einflüsse), d.h. Schmerz ist mehr als eine reine sensorische Wahrnehmung.

**Schmecken**

*„Probieren weckt die Lust zum Kauf."*
© *Euripides(um 485 vChr - 406 vChr)*

Die Begriffe süß, sauer, salzig und bitter sind bekannt. Doch was ist „umami"? Nun, im Jahre 1908 beschrieb der japanische Forscher Kikunae Ikeda erstmals die Geschmacksqualität "Umami". Das kommt logischerweise aus dem Japanischen und bedeutet "fleischig und herzhaft" oder "wohlschmeckend". Bei seinen Experimenten fand der Forscher heraus, dass es neben süß, sauer, salzig und bitter noch eine weitere Geschmacksqualität gibt. Wie wichtig umfangreich schmecken ist, möchte ich am Beispiel von Schokolade etwas anders erklären. Was geschieht wenn wir etwas essen und dieses genießen?

Es ist in der Wissenschaft eine heiß umstrittene Frage, ob der Genuss von Schokolade glücklich macht. Diese Frage ist für mich als gelernter Lebensmittelhändler, der sich intensiv mit Hirnforschung befasst, extrem spannend. Aber die Frage ist in die Maschinerie der Wissenschaft geraten und die Antworten sind bei genauer Recherche oft gegensätzlich. Was sind erst einmal die Fakten? Nüsse allgemein und die Nuss der Kakaofrucht.
Kakao war schon bei den Azteken und den Mayas vor Jahrtausenden bekannt und galt als Geschenk der Götter. Von dem Namen des Gottes Quetzalcoatl ist das Wort Cacao/Kakao/Schokolade abgeleitet. Die Nüsse der

Kakaofrucht enthalten wertvolle Inhaltsstoffe – die Schätzungen liegen bei ca. 300 verschiedenen Substanzen. Einen großen Anteil macht hier das Tryptophan aus, Kakaobohnen enthalten besonders viel davon. Dabei zählt Tryptophan zu jenen Aminosäuren, die in unserer Nahrung am wenigsten vorkommen. Die essentielle Aminosäure Tryptophan kann nicht vom menschlichen Körper gebildet werden und muss mit der Nahrung zugeführt werden.
Das so genannte Glückshormon Serotonin entsteht im Gehirn aus Tryptophan. Dazu muss diese Aminosäure zunächst vom Blutkreislauf die Blut-Hirn-Schranke passieren.
Tryptophan, ist ein Vorläufer des Neurotransmitters Serotonin, das erst im menschlichen Körper zu Serotonin umgewandelt wird. Schokolade enthält also nicht direkt Serotonin, wie oft behauptet wird. Man sagt der Schokolade aber eine besonders stimmungsaufhellende Eigenschaft nach.

Durch diese Vorgänge lässt sich möglicherweise auch erklären, warum gerade Depressive, Frauen mit Menstruationsstörungen oder Personen, die gerade mit dem Rauchen aufgehört haben, vermehrt zu Schokolade greifen. Diese Zustände werden mit einem niedrigen Serotonin-Spiegel erklärt.

Um nochmals auf das Tryptophan zurückzukommen: Fakt ist, das Tryptophan wird in der Orthomolekularen Medizin bei depressiven Symptomen speziell in der prämenstruellen Phase und bei Schlafstörungen eingesetzt und gilt als „natürliches Antidepressivum", ihm wird eine gute Wirksamkeit bei depressiven Erkrankungen, bei gleichzeitig geringen Nebenwirkungen, nachgesagt.

Tatsächlich schwören viele Menschen inzwischen auf die glücklich machende Wirkung von Schokolade. Keine Angst, Schokolade ist kein Stoff, der süchtig macht, jedoch hat Schokolade tatsächlich psychoaktive Eigenschaften. Zudem hat die Schokolade natürlich noch mechanische und geschmackliche Eigenschaften, die uns Wohlbefinden schenken und zumindest für den Moment glücklich machen können. Das zarte Schmelzen der Schokolade auf der Zunge, die wunderbare Süße, manchmal auch der herbe Geschmack bringen sehr vielen Menschen in eine gewisse Verzückung.

Der exzessive Verzehr von Schokolade kann aber letztlich keine Probleme lösen. Es ist aber nicht nur Schokolade, die uns dieses kleine Glücksgefühl verschaffen kann, es sind vielmehr viele Süßwaren, die diese kleinen Genusserlebnisse schaffen.

Schon seit Jahren ist bekannt, dass das Belohnungssystem bei Menschen anspringen kann, wenn sie Dinge essen, die sie mögen. Dabei schütten die Hirnzellen einen bestimmten Botenstoff aus, das Dopamin. Bei gewissen Süßwaren, die wir als kleine Belohnung empfinden, springt das Belohnungszentrum an, auch wenn wir nur Bilder vom Produkt sehen. Allein die Aussicht auf den Lieblingsgenuss bringt das Gehirn in Wallung. Hirnforscher sind der Ansicht, es sei für den Glücksmoment wichtig, dass eine Präferenz, eine individuelle Vorliebe, der eigene Wunsch, den man sich erfolgreich erfüllt, vorhanden ist. Und so macht sie doch glücklich, die Schokolade. Und zwar alle die, die sie mögen. Eines lässt sich nicht bestreiten: Viele Menschen fühlen sich glücklich, beruhigt, getröstet oder befriedigt, wenn sie Schokolade essen, ob nun Tryptophan dafür verantwortlich ist oder das

Belohnungszentrum im Gehirn, oder vielleicht beides – dies bleibt erst einmal ein Streitpunkt.

Klar ist aber, Essen ohne Emotionen gibt es nicht, da sind sich die Forscher einig. Die gesellschaftliche Diskussion über die "gesunde Ernährung" wird auf rein rationale Komponenten reduziert und Essen völlig versachlicht, was bei einem Blick in einen Supermarkt und auf die nicht mehr übersehbare Freude am Kochen in Hunderten von Kochsendungen den Schluss mit sich bringt, dass diese Versachlichung des Essen ins Leere laufen wird. Aus der Psychologie, wissen wir längst, dass Genussverbote Verstärker für krankhafte Entwicklungen sind.

In einer Studie befragte TNS Emnid 1 017 Eltern mit Kindern im Alter zwischen fünf und zwölf Jahren, wie Genuss im Familienverbund gelebt und eingestuft wird. 59 Prozent aller befragten Eltern verbinden mit Genuss ganz spontan "Essen und Trinken". Lediglich ein Drittel nannte "Urlaub", "Ruhe, Entspannung oder nichts tun" landete mit 14 Prozent auf Platz drei. "Keine Sorgen haben, Wohlbefinden oder Glück" nannte nur jeder Siebte und "Zeit mit der Familie verbringen", "Draußen sein", "Lesen", "Freunde treffen", "Etwas besichtigen", "Musik machen oder hören", "Sport" wurde mit unter 10% als Genuss genannt.

Weiter wurde gefragt: "Wie viele Genussmomente gibt es für Sie?" Erstaunlicherweise zeigte sich, dass Mütter und Väter sich durchaus als sinnenfroh und genussfreudig zeigten. Mehr als ein Drittel aller Befragten gönnt sich gleich mehrmals am Tag Genussmomente. Fast die Hälfte der Eltern genießt immerhin zwei- bis dreimal wöchentlich. 13 Prozent erleben pro Woche einen Genussmoment und nur vier Prozent weniger als einen alle sieben Tage.

Genusseria – Genusswelt im Rewe Nüsken Markt

Es ist durchaus förderlich für die Entfaltung positiver Emotionen, dass wir sinnliche Erfahrungen zulassen. Diese Genussmomente sind relativ unabhängig vom Einkommen und auch keine Frage des Bildungsstands "Genuss besitzt durch alle Bildungs- und Einkommensschichten hindurch einen hohen Stellenwert", sagt Dr. Rainer Lutz, Psychologe und Genussforscher an der Philipps-Universität Marburg, der diese Studie durchführte und mit dem Vorurteil aufräumte, dass Genießen nicht im Alltag stattfinden könnte: "Genuss ist täglich möglich", sagt der Forscher. Jedem ist eine Reihe von Alltäglichkeiten geläufig, die er als genussvoll erlebt. Auch der Alltag hält Genussmomente für uns bereit. Für den einen ist es morgens der frisch duftende und heiße Frühstückskaffee, für den anderen ist es eine Praline oder sein Nutellabrötchen.

**Kontext**

Das Erfahrungsgedächtnis ist etwas, was im Handel Marken einen Vorsprung gibt, weil ich sie am PoS leichter erkenne und leichter mit Erfahrungen verbinde – und wenn es nur ein Werbespot im Fernsehen ist.
Dass der Kontext eine große Bedeutung hat, ist letztlich dafür verantwortlich, dass jedes Produkt, jeder PoS, jeder Verkäufer, und Servicemitarbeiter, aber auch jede Kommunikation immer nur so gut ist, wie die Situation im Kontext wahrgenommen wird.
Eine teure Flasche Champagner in einem schmuddeligen Regal neben billigem Sekt verliert ihren Wert. Ein schlecht angezogener Anzugverkäufer passt einfach nicht in den Kontext einer Designer Modemarke. Ein schönes Hotel mitten in einem Industriegelände gefällt eben nicht so gut, wie das gleiche Hotel mitten in einer schonen Stadt. Zu den Verhandlungen über den Verkauf einer neuen Produktionstrasse für Edelstahl, trifft man sich eben nicht bei Starbucks, sondern vielleicht eher auf dem viel beschworenen Golfplatz. Dieses scheint jedem einfach und klar zu sein, aber wenn wir etwas tiefer und genauer schauen, entdecken wir, wie oft gerade der Kontext gebrochen wird. Denn Kontext bedeutet nicht unbedingt, dass alles immer sehr ordentlich und klar sein muss.
Stellen sie sich ein Antiquitätengeschäft vor, in dem alle Waren sauber getrennt in Regalen stehen; Ein Bild was unserem Erfahrungsgedächtnis widerspricht, denn wir haben schon eine Vorstellung wie ein Antiquitätengeschäft aussehen

sollte. Die Verkaufsraumgestaltung würde ich als gut einstufen, wenn sie - so weit es geht - auf die Sinne meiner Zielgruppe eingeht. Entscheidend ist, ob sie an meinen Kunden angepasst ist. Das heißt im ersten Schritt auch, das zu berücksichtigen, was wir unterbewusst wahrnehmen (98% der Wahrnehmung von Menschen geschieht unterbewusst).

Nehmen wir zum Beispiel die zurzeit in den USA beliebte Modemarke Abercrombie & Fitch: Die Gestaltung der Verkaufsräume ist ein Grund für den großen Erfolg dieser Marke. In den Geschäften werden die Schaufenster verdunkelt, der gesamte Verkaufsraum ist sehr dunkel, die gespielte Musik ist laut, die Warenanordnung unübersichtlich und die Verkaufsräume sind mit dem Markenduft durchdrungen. Das alles wirkt sehr förderlich und ist exakt auf die Zielgruppe von jungen Verbrauchern abgestimmt. Nun kann man aber nicht diese Dinge, weil sie erfolgreich sind, beliebig übertragen. Dieses Ambiente auf einen Lebensmittelmarkt zu übertragen, wäre völlig falsch. Beleuchtung, Farben, Fußböden, Musik, Geruch, die Anordnung der Ware usw. müssen auf meine Zielgruppe und meinem Angebot angepasst werden. Je besser ich das hinbekomme, desto besser funktioniert mein Geschäft.

## Teil 3
## Tatsachen und Taten

**Zukunft bedeutet auch immer Herkunft oder vom Universum in das Kaufhaus.**

In diesem Kapitell möchte ich sie vom Universum direkt in ein Kaufhaus führen.
Nicht, dass sie denken, jetzt ist der Autor vollständig vom Thema abgekommen, aber ich möchte mich mit einem Begriff befassen, der so elementar für Handel und Dienstleistung ist, aber so gut wie nie vorkommt oder erwähnt wird – die Kausalität.
Öfter werde ich von Unternehmen gefragt, ob es das absolut neue Einzelhandels- oder Dienstleistungskonzept gibt, und wenn ich ehrlich bin, habe ich selbst oft über solche Konzepte nachgedacht. Das änderte sich aber radikal, als ich merkte: Gleich was ich mir auch ausdachte oder betrachtete, nichts davon war absolut neu; Irgendwo schlummerte immer ein Punkt, an dem ich ansetzte.
Daraus entstand die Frage, wie das alles mit dem Handel begann. Sehr schnell entdeckt man, wenn man vom jetzigen Punkt ausgeht, dass sich eine Kette von Ursache und Wirkung bildet. Wenn man sich mit Kausalität beschäftigt, stellt man mehrere Dinge fest. Ein Philosoph sagte einmal: „Kausalität ist der Zement, der das Universum zusammen hält". Dass wir in einem kausalen Universum leben ist unumstritten – vom kleinsten Atom bis zum größten Galaxie folgt einer Ursache eine Wirkung.

Die Vorstellung, dass Handel und Dienstleistung eine Ausnahme machen, ist wenig plausibel oder – deutlicher gesagt – naiv. Wenn ich eine bestimmte Ursache definiere, erwarte ich auch eine bestimmte Wirkung. Auf ein einfaches Beispiel gebracht: Wenn ich mein Produkt in der Zeitung bewerbe (Ursache), hoffe ich, dass Menschen, die diese Werbung lesen, in das Geschäft gehen und es kaufen (Wirkung). Also warte ich in meinem Geschäft und sehe, wie die Kunden hinein strömen, wenn ich nicht jeden Kunde frage, ist es schwierig herauszubekommen, welche dieser Kunden aufgrund meiner Werbung in mein Geschäft kommen und welche aus anderen Gründen. Erst einmal kann ich mir sicher sein, dass bei einem Teil der Kunden die Ursache-Wirkungskette funktioniert hat. Auf den ersten Blick scheint diese sehr banal zu sein, und schlaue Werbeleute glauben mir genau sagen zu können, wie viele Kunden auf Grund meiner Werbung kommen.

Aber so leicht, wie es auf den ersten Blick aussieht, ist es nicht – die Kausalität ist wesentlich komplexer. Selbst wenn ich – um bei meinem Beispiel zu bleiben – vor meinem Geschäft jeden Kunden frage, ob er aufgrund meiner Werbung in mein Geschäft kommt, kann ich mir nicht sicher sein. Denn zu oft weiß der Kunde selbst nicht, weshalb er in mein Geschäft kommt, er beruft sich auf meine Werbung in der Zeitung, kann aber durchaus eine frühere Werbung oder sogar eine Werbung eines Mitbewerbers als Grund für den Besuch meines Geschäftes angeben.

Jeder, der schon mal im Handel am PoS gearbeitet hat, kennt das: Wut schnaubend wirft ein Kunde einem einen Prospekt auf die Theke und besteht darauf, dass er diese Vase aber jetzt zu dem hier ausgelobten Preis haben möchte und nicht zu dem im Laden ausgezeichneten und erklärt, dass – wenn ich so einen Prospekt verteile – auch die Ware zu diesem Preis vorrätig haben muss. Der Kunde ist dann völlig irritiert, wenn man ihm erklärt, dass er im Kaufhof heftig mit dem Finger auf einen Karstadt-Prospekt tippt. Wie gesagt, jeder Einzelhändler erlebt so etwas - täglich. Menschen, die intensiv Zeitungswerbung studieren, werden überdurchschnittlich oft sagen, dass sie aufgrund der Werbung in der Zeitung in meinem Geschäft sind - weil sie in der Regel Zeitungswerbung als Einkaufshilfe nutzen. Kausalität funktioniert also nicht so einfach. Ursache und Wirkung lassen sich nicht immer exakt erkennen.

Die Ursache, dass Glas, das auf den Boden fällt und zerspringt, liegt nicht am Glas, sondern in den Kräften, die auf das Glas wirken und es zu Boden zwingen, wie in diesem Fall die Schwerkraft ,anders ausgedrückt, die Gravitation. Wir müssen weit zurück in die Geschichte der Menschheit blicken, um an einen Punkt zu kommen, an dem diese Kausalitätskette begann. Genauer gesagt müssen wir zum Punkt kommen, den Wissenschaftler den Urknall nennen. Nun werden viele sagen, der Urknall ist doch nicht der Beginn der Menschheit, da muss ich aber heftig widersprechen: Auch wenn dieser Urknall nach Schätzungen der Wissenschaft elf Milliarden Jahre zurückliegt, hat sich alles aus diesem Punkt heraus entwickelt. Der Prozess, der mit dem Urknall eingesetzt hat, hat bis heute aus einem gigantischen Ablauf von Ursache und Wirkung dazu geführt, dass es uns gibt, und wo wir heute sind - und dieser Prozess läuft natürlich ständig weiter.

Was bedeutet das für Sie überhaupt? Etwas von dieser Welt verstehen zu können setzt voraus, dass Sie Ursache und Wirkung klar voneinander trennen können. Das bedeutet auch, dass Sie schon im Vorhinein in Ihrem Kopf eine Vorstellung davon haben müssen, was eine Ursache und was eine Wirkung ist. Und es ist ganz wichtig, dass Sie wissen, dass immer die Wirkung nach der Ursache kommt und nie umgekehrt. Das hört sich erst einmal einfach an, ist es aber nicht, denn oft ist es nicht ganz einfach einer Wirkung eine Ursache zuzuordnen. Leicht kann es passieren, dass ich eine andere Ursache erkenne, die aber nur in der Nähe der eigentlichen Ursache ist. Oft kann ich einer Wirkung überhaupt keine Ursache zuordnen, das erklären wir dann mit dem Begriff Zufall, oder wir schreiben es einem höheren Wesen zu. Zu Gewittern kommt es, wenn die warme, feuchte Luft sehr schnell in die hohen, kalten Bereiche der Lufthülle gerissen wird. In einem Gewitter kommt es zu luftelektrischen Entladungen, das bedeutet, es kommt zu Blitz und Donner. Hier sind Ursache und Wirkung klar.

Habe ich aber, wie die Germanen zum Beispiel, keine Ahnung von luftelektrischen Entladungen, dann ist ein Blitz ein Zeichen dafür, dass der Gott Thor seinen Hammer zur Erde schleuderte und sein Wagen, mit dem er durch den Himmel raste, den Donner verursachte. Auch bei dieser Deutung eines Gewitters liegt das Prinzip im Kopf schon fest, dass einer Ursache eine Wirkung folgt, aber die Ursache ist halt falsch.

Eine andere Frage ist unvermeidlich. An einem Punkt muss diese Kausalitätskette begonnen haben, aber wo liegt der Anfang, wo ist Wirkung, die keine Ursache hatte, wo ist der Tag ohne gestern, oder anders ausgedrückt: Wo ist „der unbewegte Erstbeweger"?

Relativ schnell hat man die Kausalkette des Handels bis hin zu den ersten Strukturen vor etwa 150.000 Jahren zurückverfolgt, das ist also der Anfang. Nein, so einfach ist es nicht, denn

Vorraussetzung, dass es überhaupt Handel gibt, ist, dass es Menschen gibt. Ich komme zu den Punkt, den man in der Wissenschaft den Urknall nennt. Aber ich glaube, wir sind weit genug gereist, um das Prinzip der Ursache Wirkung zu verstehen. Eines muss aber klar sein: Es gibt eine klare Ursache-Wirkungskette von diesem Urknall bis hin zu der Pralinenschachtel im Regal eines Supermarktes. Was jeder von dieser Kette wissen sollte ist eine andere Frage. Eines ist sehr wichtig, wenn wir uns mit Kausalität beschäftigen: Die Erkenntnis, dass nicht immer eine große Wirkung auch eine große Ursache haben muss. Bekannt wurde dies in den 60er Jahren, als man bei numerischen Wetterberechungen feststellen musste, dass kleine Abweichungen an der 17. Stelle hinter dem Komma dazu führten, dass die Wetterberechnungen sich total änderten.

Man nannte es „Schmetterlingseffekt" und beschrieb es so, dass ein Flügelschlag eines Schmetterlings irgendwo einen Wirbelsturm auslösen könnte, ein sehr plastisches Beispiel, so aber etwas missverständlich. Aus dem Glauben heraus, dass kleine Ursachen auch nur kleine Wirkung haben, entsteht oft die Art, wie wir mit Kunden und Sortimenten umgehen. Der Glaube, dass man nur alle Daten sammeln und auswerten muss, und schon kann man das Verhalten der Kunden für alle Zeit berechnen, ist sehr trügerisch. Denn eines fällt bei der Betrachtung von Kausalität auf, der Ablauf von Ursache und Wirkung bringt einen Zeitpfeil in die Geschichte. Wir können immer nur im Nachhinein betrachten, wie alles gekommen ist, wir können uns nur an die Vergangenheit erinnern, nicht aber an die Zukunft. Nur in der Nachbetrachtung können wir versuchen, Ursache und Wirkung zusammenzubringen, das macht den Blick in die Zukunft so schwer.

Denn sehr wohl können besonders im Handel und bei Dienstleistungen kleine Ursachen eine große, ja katastrophale Wirkung haben. Dazu kommt, dass die Wechselwirkungen der unterschiedlichen Systeme so kompliziert geworden sind, dass es oft sehr schwer bis gar nicht möglich ist, einer Wirkung eine exakte Ursache zuzuordnen.
Hieraus ergibt sich unvermeidlich, dass es keine Zukunft ohne Herkunft geben kann, woher immer diese Herkunft auch kommt. Gerade diese Herkunft ist aber oft der Schlüssel zu Lösungen für die Zukunft.

Bei einer Veranstaltung der EHI hatte ich die Ehre bei Kaufhof einen Vortrag über Emotionalisierung im Handel zu halten. Die Veranstaltung fand im ehrwürdigen Herman Tietze Saal der Kaufhofzentrale statt.
Der Saal dient heute in erster Linie dem Vorstand und dem Aufsichtsrat als Sitzungsraum. Das, was ich als besonders empfand, war die Atmosphäre, die der Saal ausstrahlte.
Mit seinem riesigen massiven Tisch und den ausladenden Sesseln, in denen man versank, wenn man sich an den Tisch setzte. Als dann das Bild des Kaufhofgründers Herrman Tietzes sich an der Wand nach unten und gleichzeitig die massiven Kronleuchter nach oben bewegten um so die Projektions-Technik in Funktion zu setzen, erfasste mich das Gefühl, inmitten einer ehrwürdigen Kaufhaus-Dynastie zu sein.
Auch ein Hauch von Handelsgeschichte umgab mich.
„Der große Bellheim" – eine Fernsehserie über die Geschichte eines Kaufhauses kam mir gleich in den Sinn und ich hätte mich nicht gewundert, wenn Mario Adorf, der Hauptdarsteller dieser Serie, den Saal betreten hätte. Das Sterben von Kaufhäusern ist zurzeit ein großes Thema in den Medien. Sehr

oft werden die Wirtschaftskrise und das Sterben der Kaufhäuser in unmittelbarem Zusammenhang genannt und betrachtet. Die Wirtschaftskrise ist nur ein Teil der Kaufhauskrise. Der weitaus größere Teil des Kaufhaussterbens liegt in der Unfähigkeit und Arroganz der Manager, die ohne Rücksicht auf ihre Kunden Konzepte und Vision durchsetzen. Das Beispiel von Woolworth ging durch die Presse. Im Januar 2009 musste Woolworth in England den Bankrott nach 99 Jahren Firmentradition erklären. Im südenglischen Dorchester geschah etwas Bemerkenswertes: Die dortige Filialleiterin, eine 34-jährige zweifache Mutter, übernahm die Filiale in eigener Regie. Nach schwierigen Verhandlungen mit Lieferanten und Vermietern eroffnete sie mitten in der schlimmsten Rezession ein riesiges Kaufhaus in einer Kleinstadt. Sie stellte die alten Mitarbeiter wieder ein und feierte mit ihrem Kaufhaus Wellworths einen riesigen Erfolg. Auf die Frage, was der Grund dieses ungewöhnlichen Erfolges ist, sagte sie, dass sie jetzt eine viel größere Freiheit habe, sich der Nachfrage vor Ort anzupassen. Sie glaubt, hier einen der ursächlichen Gründe des Scheiterns von Woolworth gefunden zu haben, und erklärt dieses an einem scheinbaren banalen Beispiel: „Früher haben dutzende Kunden nach Puzzle-Spielen gefragt, aber die Konzern-Zentrale hat entschieden keine zu verkaufen. Heute haben wir sie im Sortiment und machen viel Umsatz damit".

Nun lässt sich das Beispiel von Dorchester nicht auf jeden anderen Ort beliebig übertragen. Das weiß auch Claire Robertson. Aber das Beispiel zeigt deutlich, wie sehr das Management in vielen Kaufhausketten versagt hat. Dabei erlaubte die globale Wirtschaftskrise, die Handelsbühne zu verlassen, ohne eigene Fehler eingestehen zu müssen.

Bei den Gesprächen und den Besuchen in den unterschiedlichsten Kaufhausfilialen habe ich das Gefühl gewonnen, dass es durchaus Manager in Führungsebenen gibt, die zunehmend ein Gefühl für die Mischung aus Tradition und neuen Ideen entwickeln. Sie verstehen das, wenn sie Verkaufszahlen genauer betrachten müssen. „Ohne Penner keine Renner" ist ein einfacher, aber ein höchst wichtiger Satz, wenn es wieder einmal darum geht, bestimmte Artikel zu verbannen. Was bleibt, wenn man sich dermaßen in Kausalität verstrickt hat, für den Handel mit allen Sinnen übrig? Es bleibt die dringende Empfehlung, öfter mal den Blick aus den Exceltabellen und Statistiken zu erheben und selbst wieder mal Handel mit den eigenen Sinnen zu erleben. Denn letztlich sind nicht Buchhalter und Statistiker die Primaten des Handels, sondern die Verkäufer im Angesicht des Kunden mit all ihren Emotionen.

**Taten.**
Karsten und Marcus Nüsken hatten den Mut, etwas zu verändern. Sie haben auch Taten folgen lassen und die Ideen dieses Buches in ihre Einzelhandelskonzepte umgesetzt. Sehr freue ich mich, dass die mit mir gestalteten Märkte eine große Anerkennung gefunden haben und ausgezeichnet wurden als „Supermarkt des Jahres 2008", "Store of the year" Kategorie Food, „VMI Award 2010", „POPAI Digital Award 2011" so wie Gewinner des „SÜSSEN STERN 2010" Kategorie Supermärkte bis 4000 qm wurden.

Die größte Auszeichnung liegt allerdings darin, dass die Kunden die Märkte als angenehm empfinden und dieses mit Treue und Lust am Einkaufen honorieren.

Die so mehr erzielten Erträge dienen dazu, angemessen gerecht bezahlte Arbeitsplätze zu schaffen – denn eines war uns immer bewusst bei dem Thema „mit allen Sinnen Handel": das Wichtigste sind und bleiben motivierte Mitarbeiter.

Es ging uns immer darum, dass neben dem Kunden sich auch der Mitarbeiter am POS wohlfühlen muss.

Menschen, die mich sehr inspiriert haben und auf die eine oder andere Art auch mit Rat und Tat bei diesem Buch zur Seite standen, möchte ich nicht unerwähnt lassen und meinen Dank aussprechen: Volkmar Schwenk, Prof. Dr. rer. pol. Stephan Kull, Beat Grossenbacher, Bianca Kleine, Holger Olthoff, Karsten Kilian, Oliver Nordmann.

# Quellen

Paul Ekman: Gefühle lesen Wie Sie Emotionen erkennen und richtig interpretieren, Spektrum Akademischer Verlag, München

Ekman: Emotional Awareness: Overcoming the Obstacles to Psychological Balance and Compassion, Times Books, 2008Verlag, München 2004

Freitas-Magalhães, A. (2009). The Ekman Code or in Praise of the Science of the Human Face. In A. Freitas-Magalhães (Ed.), Emotional Expression: The Brain and The Face (Vol. 1, pp. ix-xvii). Porto: University Fernando Pessoa Press. ISBN 978-989-643-034-4

The 2009 TIME 100: Paul Ekman, Scientists & Thinkers.

IRI cross Cat Studien 2004 bzw 2008 GfK

Nick Patterson, Daniel J. Richter, Sante Gnerre, Eric S. Lander, David Reich (2006): Genetic evidence for complex speciation of humans and chimpanzees. In: Nature, Bd. 441 (29. Juni 2006), S. 1103-1108.

Siehe Pressemitteilung und Pressemappe des Max-Planck-Instituts für evolutionäre Anthropologie vom 6. Mai 2010 „Der Neandertaler in uns".
Aus dieser Population stammen die Vorfahren aller heute lebender Menschen ab", so Teamleiter Grine (Science vom 12. Januar 2007)

Grine, R. M. Bailey, K. Harvati, R. P. Nathan, A. G. Morris, G. M. Henderson, I. Ribot und A. W. G. Pike: Late Pleistocene Human Skull from Hofmeyr, South Africa and Modern Human Origins. In: Science vom 12. Januar 2007.

Max-Planck-Gesellschaft: „Hofmeyr-Schädel unterstützt "Out of Africa"-Theorie" Pressemitteilung vom 12. Januar 2007

Owen Lovejoy: The Origin of Man. Science, Band 211, 1981, S. 341–350, – „Five characters separate man from other hominoids – a large neocortex, bipedality, reduced anterior dentition with molar dominance, material culture, and unique sexual and reproductive behavior."

Owen Lovejoy, ein Anatom an der Kent State University, bezeichnete 1988 den Übergang zum aufrechten Gang als die augenfälligste Veränderung der Anatomie, die man in der gesamten Evolutionsbiologie bisher nachgewiesen habe. (C. Owen Lovejoy: Evolution of Human Walking. Scientific American, November 1988, S. 118–125)

Richard Leakey: The origin of humankind. Phoenix, a division of Orion Books Ltd., 1995

wikibooks.org/wiki Geschichte_der_Menschheit

Hominisation /www.spiegel.de/wissenschaft/mensch/0,1518,744424,00.html
1979: Getting motivated: the secret behind individual motivations by the man who was not afraid to ask "why?", New York u.a.: Pergamon Press ISBN 0-08-023687-1

1981: Das große Buch der Kaufmotive, Düsseldorf u.a.: Econ ISBN 3-430-12086-1

1981: Überzeugen - nicht verführen. Die Kunst, Menschen zu beeinflussen, Landsberg am Lech: mvg (identisch mit: Gezielte Motivforschung) ISBN 3-478-02740-3

1984: So führen Manager ihr Unternehmen zu Spitzenleistungen. Auf der Suche nach den Erfolgsfaktoren der Führung, Landsberg am Lech: mvg ISBN 3-478-32920-5

1991: Neues Denken bringt neue Märkte. Analyse der unbewußten Faktoren, Umsetzung ins Marketing, Anregungen und Beispiele, Wien: Ueberreuther ISBN 3-8000-3375-5

1991: Gezielte Motivforschung. So machen Sie mehr aus Ihrem Produkt! Landsberg am Lech: mvg (identisch mit Überzeugen - nicht verführen)

wikipedia.org/wiki/Funktionelle_Magnetresonanz-tomographie

wikipedia.org/wiki/Funktionelle_Magnetresonanz-tomographie
br-alpha: Geist und Gehirn

António R. Damásio: Ich fühle, also bin ich - Die Entschlüsselung des Bewusstseins, München: List, 2000. ISBN 3-548-60164-2

António R. Damásio: Descartes' Irrtum - Fühlen, Denken und das menschliche Gehirn, München: List, 1994. ISBN 3-471-77342-8

António R. Damásio: Der Spinoza-Effekt - Wie Gefühle unser Leben bestimmen, München: List, ISBN 3-471-77352-5
Hanna Damásio: Human Brain Anatomy in Computerized Images

António R. Damásio, Hanna Damásio, Yves Christen: Neurobiology of Decision-Making, Berlin: Springer, 1996. ISBN 3-540-60143-0

arbeitsblaetter.stangl-taller.at/GEHIRN/GehirnEmotion.shtml
Bas Kast Spiegel Online 2008

Auszüge aus Manfred Spitzer's "Selbstbestimmen" Gehirnforschung und die Frage: Was sollen wir tun?

Aus: „Das Manifest. Elf führende Neuro-wissenschaftler über Gegenwart und Zukunft der Hirnforschung" in: Gehirn und Geist 3,2004)

Grenzen des Bewußtseins Insel, Frankfurt 2000 (2. Aufl.)

Der Rahmen. Ein Blick des Gehirns auf unser Ich. Hanser, München 2006

Günter Behrens Wie kommt die Welt in den Kopf? Prinzipielles zur Gehirnforschung nebst einigen Konsequenzen für das ‚gehirngerechte' Lehren und Lernen in der vhs

Das Gehirn und seine Wirklichkeit. Kognitive Neurobiologie und ihre philosophischen Konsequenzen. Suhrkamp, Frankfurt (8. Aufl. 2000)

Fühlen, Denken, Handeln. Wie das Gehirn unser Verhalten steuert. Suhrkamp, Frankfurt; als Taschenbuchausgabe stw 1678 mit der Angabe „Neue, vollständig überarbeitete Ausgabe"

Das Problem der Willensfreiheit. Die empirischen Befunde. Information Philosophie. H. 5, S. 14–21

Persönlichkeit, Entscheidung und Verhalten. Warum es so schwierig ist, sich und andere zu ändern. Klett-Cotta, Stuttgart 2007

Benjamin Libet: 2003 Virtual Nobel Prize Acceptance Speech

Benjamin Libet: Haben wir einen freien Willen? In: Christian Geyer (Hrsg.): Hirnforschung und Willensfreiheit. Zur Deutung der neuesten Experimente. Suhrkamp, 2004, S. 268ff. ISBN 3-518-12387-4

Vgl. seine Äußerungen bei den Münchner Wissenschaftstagen 2007 (Video-Mitschnitt)

Der Mensch ist nicht frei (Interview) in: Das Magazin 2/2003 S. 19 Ebd.; bemerkenswert für einen Wissenschaftler, der als Psychologe forscht, ist dabei das ausdrücklich persönliche Bekenntnis von W.Prinz: "Für mich ist unverständlich, dass jemand, der empirische Wissenschaft betreibt, glauben kann, dass freies, also nicht-determiniertes Handeln denkbar ist." – Das gesamte Interview in Das Magazin 2/2003 S. 18-20 steht hier () online; s.a. seine Thesen () zum Kongress Neuro2004 () des Wissenschaftszentrum Nordrhein-Westfalen(), die Prinz dort in einem eigenen Referat sowie zusätzlich auch in dieser Podiumsdiskussion () vertreten konnte.

Interview in DIE ZEIT Nr. 24, 10. Juni 2010, S. 37.

Interview in Die Zeit 24/2010 vom 10. Juni 2010, S. 37

Neural Predictors of Purchases

Brian Knutson,[1,*] Scott Rick,[2] G. Elliott Wimmer,[1] Drazen Prelec,[3] and George Loewenstein[2]

1Psychology and Neuroscience, Stanford University, Building 420, Jordan Hall, Stanford, CA 94305, USA

2 Social and Decision Sciences, Carnegie Mellon University, 208 Porter Hall, Pittsburgh, PA 15213, USA

3MIT Sloan School of Management, Massachusetts Institute of Technology, E56-320, Cambridge, MA 02139, USA

DOI 10.1016/j.neuron.2006.11.010

Richard L. Gregory Auge und Gehirn – Psychologie des Sehens

Irvin Rock Wahrnehmung – Vom visuellen Reiz zum Sehen und Erkennen

Frederic Vester Denken, Lernen, Vergessen

Beat Grossenbacher, Gründer und CEO Air Creative AG aus Wangen an der Aare in der Schweiz

Dr. med. Frank-Lothar Welter Ärztlicher Direktor und Chefarzt der Neurologie der Hardtwaldklinik

ScienceDaily (Sep. 14, 2008) — Feeling blue? According to Prof. Leonid Yaroslavsky from Tel Aviv University, the saying may be more than just a metaphor.

Advances in information optics and photonics. Ed. by Ari T. Friberg and Rene Dandliker. SPIE 2008

Bryan Gick (Universität von British Columbia, Vancouver) und Donald Derrick (Haskins-Laboratorien, New Haven): Nature, Bd. 462, S. 502

ddp/wissenschaft.de – Ilka Lehnen-Beyel

Musikpsychologie. Ein Handbuch (von Herbert Bruhn, Rolf Oerter und Helmut Rösing)

Einführung in die Musikpsychologie (Vorlesung von Dr. Margit Painsi, Universität Graz)

Michael Schneider, Inhaber einer Agentur für technische Dienstleistungen der Psychoakustik „apotheke+marketing" 09.2009

Joshua Ackerman (Massachusetts Institute of Technology, Cambridge) et al.: Science, doi: 10.1126/science.1189993 ddp/wissenschaft.de – Gwydion Brennan

Lederman, S.J. & Klatzky, R.L. (2004). Haptic Identification of Common Objects: Effects of Constraining the Manual Exploration Process. Perception & Psychophysics.

„Journal of Neuroscience" erschienen. pap/ddp, Society for Neuroscience focus.de/gesundheit/news/tastsinn-kleine-haende-fuehlen-besser_aid_463456.html

spiegel.de/wissenschaft/natur/0,1518,667233,00.html

ORF science: Sechster Geschmackssinn: Fett-Rezeptor entdecken Harald Zähringer: Kälterezeptoren, in: Laborjournal 04/2002
Spektrum direkt: Von Super- und Bitterschmeckern

Welt online: Wie Mensch und Affe Bitteres schmecken

Adam Drenowski et al., Genetic Taste Responses to 6-n-Propylthiouracil

Among Adults: a Screening Tool for Epidemiological Studies, wikipedia.org/wiki/Geschmack_(Sinneseindruck)

BDSI Genuss-O-Meters 2007 von TNS Emnid

**Weitere Quellen**

Prof. Simon Baron-Cohen „Vom ersten Tag an anders. Das weibliche und das männliche Gehirn" (2004 Patmos Verlag GmbH & CO. KG) ist ein britischer Psychologe und der Direktor des Autismus-Forschungszentrums (ARC) in Cambridge (Großbritannien).

Francis Harry Compton Crick

Was die Seele wirklich ist – Die naturwissenschaftliche Erforschung des Bewusstseins (Reinbek: Rowohlt, 1997)

Priv.-Doz. Dr. Peter Kenning Dr. Hilke Plassmann Prof. Dr. Dieter Ahlert

Westfälische Wilhelm-Universität Münster Consumer Neuroscience

Implikationen neurowissenschaftlicher Forschung für das Marketing

Joachim Bauer "Warum ich fühle, was Du fühlst "Hoffmann und Campe 2005 ISBN: 3455095119 1

Cahill, L. & McGaugh, J. (1998). Mechanisms of emotional arousal and lasting declarative memory. Trends Neurosciences

Davidson, R. J. & Irwin, W. (1999). The functional neuroanatomy of emotion and affective style. Trends in Cognitive Sciences 3: 11-21.

Gehring, W.J. & Knight, R.T. (2000). Prefrontal-cingulate interactions in action monitoring. Nature Neuroscience 3, 516-520

LeDoux, J. (1998). Das Netz der Gefühle. Wie Emotionen entstehen. München-Wien: Carl Hanser Verlag.

Nieuwenhuys, R., Voogd, J. & van Huijzen, Chr. (1991). Das Zentralnervensystem des Menschen. Berlin, Heidelberg, New York: Springer-Verlag.

Gehirn&Geist 2/2004 Malcolm Gladwell Blink! . »Intuitive Entscheidungen«